FRANÇOIS DENIS

IMMOBITCOIN

COMMENT NE PLUS PASSER PAR LA BANQUE POUR OBTENIR UN PRÊT, NE PLUS JAMAIS PAYER DE NOTAIRE NI DE COMPTABLE, ET S'AUTOFINANCER !

SOMMAIRE

Ils témoignent

« Fan d'immobilier, j'ai adoré! Tu vulgarises à souhait le concept de la blockchain! Vraiment top ! Il y aura un avant et un après sur votre vision de l'immobilier des cryptomonnaies et du futur. Tu as prévu une suite ? »

Quentin CELLERIER
Rentier immobilier et multimillionnaire
Membre de mon groupe privé Mastermind

« Tu as bien simplifié les notions complexes ! C'est génial !! François est ce qu'on appelle un couteau suisse lorsqu'il s'agit des investissements. Son savoir-faire ainsi que son humilité font de lui une personne unique en son genre. »

Xolali ZIGAH

Millionnaire cryptomonnaie

« Dévoré en une matinée. Si tu veux que ton cerveau soit chamboulé et te poser 2500 questions je te le conseille. Dans 10 ans je pourrai dire : je l'ai lu, j'ai appris, je n'ai pas laissé le train filer. »

Julien RAIMUNDO
Lecteur

« François que dire de ton livre... Rien ! Pour moi, ce livre mérite amplement sa place auprès des livres comme fastlane/père riche père pauvre / seconde change. Une lecture fluide, enrichissante, accessible à tous même pour ceux qui ne connaissent rien à cet univers. Franchement, félicitations ! »

Kevin CREPEAU
Entrepreneur et coach certifié
Membre de mes formations cryptomonnaie

« Je me suis senti comme Marty dans Retour vers le futur ! Tu nous transportes dans ta vision et tu nous enseignes avec simplicité à y voir plus clair mais aussi à comprendre réellement ce que va nous apporter la technologie blockchain. Tu es vraiment passionné et cela se ressent à travers chaque page. »

Pablo REYES
Investisseur Immobilier
Membre de mon groupe privé Mastermind

« Ton livre c'est une bombe atomique synaptique ! C'est incroyable vraiment... Merci beaucoup pour cette valeur que je qualifie de SUPREME ! GOD save the blockchain !! »

Nicolas DISARBOIS
Investisseur Immobilier
Membre de mon groupe privé Mastermind

« J'ai lu le livre en exactement 1h30, 1h30 à ne pas pouvoir décrocher du bouquin ! Ce livre est une vraie révolution, tellement de chamboulement dans ma tête. J'avais une grosse idée de la blockchain, j'ai investi dans les cryptos un peu comme tout le monde mais là j'ai littéralement l'impression qu'un champ de possibilités vient de s'ouvrir à moi. Un grand merci de créer autant de valeur, merci pour ce livre ! »

Clément REAU
Lecteur

« Je tenais à te féliciter bien sûr mais surtout à te remercier. Non pas parce que tu es un expert dans ton domaine, ça, nous le savons tous. Mais surtout et c'est là où je me suis laisser transporter pour ma part, ton livre transmet un aspect visionnaire d'une société nouvelle et meilleure, mélangeant philosophie et imagination. Il nous incite à nous poser des questions et stimule nos idées et notre imagination. Nous sommes loin d'un livre carré sur l'éducation financière ou d'un manuel technique. Et c'est peut-être ce que j'ai le plus apprécié. »

Joe CHALLITA
Investisseur en Entrepreneur
Membre de ma formation cryptomonnaie

« J'ai adoré ton livre. Et je t'adresse toutes mes félicitations. BRAVO ! Le sujet, diablement complexe, est divinement maîtrisé et surtout très bien vulgarisé et mis à la portée de tout un chacun. Et pour couronner le tout, ta vision du monde meilleur et global grâce à la blockchain m'a donné le tournis : depuis les premières pierres codifiées jusqu'à nos codes actuels et futurs... une vraie chaine ! »

Christine SIVILAY
Investisseuse cryptomonnaie
Membre de mes formations cryptomonnaie et business

« Je viens de finir ton livre et waouh !

Ça m'a fait l'effet d'un bug cérébral, j'avais déjà eu cette même sensation une nuit où je n'arrivais pas à m'endormir et où je m'étais mis à penser à l'univers avec toutes les questions sans réponses qui en découlent.

J'avais déjà bien conscience des possibilités liées à la Blockchain et d'autant plus envers le Tangle sur tous les domaines mais j'avoue que quand tu commences à pousser la réflexion et à envisager des scénarios sur l'évolution de l'humanité ... On n'est vraiment pas au bout de nos surprises ! Quel que soit la direction évolutive que l'on va prendre, il ne fait aucun doute dans mon esprit que la révolution est en marche et ne pourra pas s'arrêter.

Soyons fier d'être les pionniers de cette nouvelle ère qui émerge et d'avoir investi sur des projets permettant d'adopter la technologie et qui visent à améliorer le monde de nos enfants, de nos petits-enfants et de toutes les générations à venir.

C'est passionnant de savoir, d'agir et d'observer comment ça va évoluer avec la masse et les conséquences sur le monde. »

Julien LAMI
Investisseur Immobilier et cryptomonnaie
Membre de mes formations cryptomonnaie et business

« C'est génial ! C'est souvent cité comme une révolution. J'ai l'impression de vivre comme dans un film de James Cameron, Spielberg ou Star Wars, sincèrement je revis depuis peu, que la force soit avec vous ! »

Fred
Lecteur

« La juxtaposition de l'approche traditionnelle, ici l'immobilier, et la projection de ce que cela va devenir grâce à la blockchain rend les cryptoactifs tout à coup plus concrets que ne l'auraient permis de longues explications théoriques. Cela agit comme un révélateur, un déclic. Prise de conscience plus réelle de la transformation que cela va apporter dans notre quotidien et l'impact par exemple sur les marchés financiers ou l'éclatement des frontières de l'investissement. La révolution token ! »

Sylviane PITON
Entrepreneure et Investisseuse cryptomonnaie
Membre de mon groupe privé Mastermind

Mon cadeau pour vous

Recevez une session de coaching gratuite pour vous aider à investir et entreprendre massivement pour virer votre patron, atteindre votre indépendance financière et vivre votre vie selon vos propres règles, grâce aux différents piliers d'investissement et au business.

Si vous êtes prêt à changer de vie et faite preuve d'un grand engagement alors voici la marche à suivre :

Remplissez le formulaire que vous trouverez sur ce lien : https://formation.richea30ans.com/coach/
Indiquez vos coordonnées. Vous allez ensuite répondre à cinq questions personnelles.

Si vous êtes sélectionné, **vous bénéficierez d'une session de coaching gratuite** avec moi ou un membre de mon équipe pour passer vos investissements et vos business au niveau supérieur !

À votre réussite !

Amicalement, François.

Préface

Plus libre, plus juste.

« Je crois que les institutions bancaires sont plus dangereuses pour nos libertés qu'une armée debout. Celui qui contrôle l'argent de la nation contrôle la nation. » Thomas Jefferson (troisième président des États-Unis)

J'ai peine à y croire, une révolution est en marche, avons-nous, l'humanité, créé cette chose qui pour la première fois va nous rassembler et faire de cette planète un monde unifié ?

Pensez-y, réfléchissez-y, essayez simplement de le concevoir ou d'extirper ces faits de votre mémoire, quand est-ce que notre liberté, une liberté vraie, une liberté assumée, celle dont tout le monde rêve mais qu'uniquement du bout des doigts nous avons pu toucher, fut expérimentée ? A force d'y penser, j'en conclus que cette humanité ne l'a peut-être jamais effleurée !

Pourtant, au fond de ce couloir, une lueur d'espoir surgie de nulle part est en train d'émerger...la blockchain !

Mais qu'est-ce que la blockchain ?

La blockchain est un protocole décentralisé nous donnant la possibilité, pour la première fois de nous passer de ce que l'on appelle un tiers de confiance, l'intermédiaire imposé pour tout transfert de biens ou de données (banques, administrations, notaires).

On peut l'imaginer de deux manières distinctes ; un grand livre ouvert à tous, nous donnant la possibilité de vérifier l'authenticité des données qui à l'opposé des systèmes centralisés utilise le consensus de manière cryptée pour les authentifier ou une nouvelle autoroute sur laquelle les applications telles le bitcoin, les smart contrats, les dApps (applications décentralisées) peuvent être créées.

Une nouvelle économie est née, le pouvoir a été redistribué. Mais au fond, qu'est-ce que le pouvoir ? L'argent ! Mais tu nous parles d'un bien, d'un moyen, et non de pouvoir…

Pourtant comme l'a dit Mayer Amshel Rothschild : *« Donnez-moi le contrôle sur la monnaie d'une nation, et je n'aurai pas à me soucier de ceux qui font ces lois. »*

La domination monétaire est un combat à mort.

Imaginez un peu un monde où la monnaie, l'argent, le pouvoir, sont redistribués dans les mains des citoyens.

Finies les banques centrales, finies les dettes, finie cette aliénation au travail forcé, intrinsèquement liée à cette société.

La cryptomonnaie va sauver le monde !

Le bitcoin est né, et pour 0,8% de la population mondiale, la révolution a commencé !

Maintenant est venu pour moi le moment de laisser la parole à mon hôte, François, un expert aussi humble que compétent.

Johan Vanopdenbosch alias *Whale Tamer*

Avant-propos

L'innovation blockchain a un potentiel de disruption de nombreux secteurs économiques : la santé, l'internet des objets, les devises fiduciaires, notre utilisation d'internet, les systèmes électoraux, le milieu associatif, le stockage de données ou encore les transports... Si vous vous êtes déjà intéressé à cette technologie vous avez compris qu'il s'agit là d'une marche supplémentaire vers le but ultime de la société capitaliste... supprimer le travail humain par un processus de destruction créatrice.

Au même titre que la découverte du feu, de l'écriture, de la création de l'imprimerie, les révolutions industrielles, ou plus récemment l'avènement du numérique, la blockchain est une nouvelle révolution qui va transformer nos modes de vie, de consommation, de communication et d'investissement dans les prochaines décennies.

En tant qu'investisseur ou entrepreneur, laisser passer cette opportunité, c'est laisser passer l'opportunité de changer de vie en quelques années, c'est rater non pas le train en marche... mais la fusée qui mène « to the moon ».

Plus sérieusement, le secteur de l'immobilier a connu très peu d'évolutions contrairement à de nombreux secteurs économiques. Ce n'est pas un marché connu pour le changement. Mais la Blockchain, la technologie sous-jacente aux cryptomonnaies, par sa capacité à supprimer les intermédiaires commence déjà à révolutionner le secteur et ambitionne de bouleverser encore plus ce marché. Cette innovation rend très enthousiastes les technophiles, les acteurs de ce marché et les investisseurs.

Si vous vous êtes éduqués financièrement, vous savez que l'immobilier est le meilleur moyen pour s'enrichir, avec effet de levier. Et dans le même temps, la cryptomonnaie est l'actif à la fois le plus audacieux mais aussi le seul permettant de multiplier son capital en quelques années.

Et si nous couplions les deux ? Immobilier et cryptoactif ?

Nous avons là, vous vous en doutez, un cocktail des plus explosifs et au potentiel énorme. On estime la valeur de l'immobilier mondial à 217 billions de dollars... soit 217 000 milliards de dollars. Juste pour rappel au moment où j'écris ces lignes : la capitalisation totale des cryptomonnaies est de 200 milliards... et plus parlant encore... le PIB mondial est de 80 000 milliards seulement. L'immobilier mondial a donc la valeur de presque trois ans de richesse mondiale totale !

Mais pour que cette valeur du marché de l'immobilier puisse se transposer dans le monde des cryptoactifs il faut qu'il y ait de bonnes raisons à cela. Alors que peut apporter la technologie Blockchain au marché de l'immobilier ?

L'objectif de ce livre est de vous donner envie de passer à l'action et d'investir, d'élargir le champ des possibles. Et ce, avec différentes approches.

Au fil de votre lecture, vous découvrirez des parties assez abstraites, quelques audaces de l'esprit, avec des notions que j'appelle « la philosophie de la blockchain » ou encore de l'extrapolation technique. De l'anticipation ; comme avec le chapitre sur l'avenir de l'humanité et la ville de demain par la blockchain.

Ainsi, qu'évidemment des parties très concrètes comme la présentation de plusieurs sociétés qui sont les mieux placées pour disrupter ce marché de l'immobilier dans les années à venir.

Merci à Nicolas Popovitch pour m'avoir donné envie d'écrire ce livre.

Merci à Clément Benoit sans qui toute cette aventure n'aurait jamais été possible.

Merci à David Breysse pour la magnifique couverture de ce livre.

Merci à Johan Vanopdenbosch alias Whale Tamer pour la préface de ce livre.

Merci à Alexandre Baé pour sa partie intégrée dans cet ouvrage.

Merci à Maxime Duché pour ses recherches et analyses approfondies faisant parties intégrantes de cet ouvrage.

Merci à Cécile Neuville pour ses conseils d'écriture.

Merci à Kris Chapoulaud pour son aide immobilière et notre association immobilier-blockchain.

Merci à Manuel Gonzalez, Tony Tran et Dmitry Pshenin pour leur disponibilité et leur partage d'expertise.

Merci à toute ma communauté pour avoir participé au processus de développement de ce livre.

Merci à ma chérie Marine pour son soutien et son aide.

Chapitre 1

Immobilier, mon amour.

« Les personnes riches créent leur vie.
Les personnes pauvres croient
qu'ils subissent la vie. »

T. Harv Eker

Le secret du succès

Pour me présenter, je voudrais partager avec vous l'une des leçons les plus importantes que j'ai apprise dans la vie.

C'est arrivé quand j'avais 18 ans...

C'était la première fois que je réfléchissais réellement à ce que je voulais dans la vie, ce que je désirais réellement. Comme beaucoup de jeunes, ce moment fut accablant !

Cette même année, je suis tombé complètement par hasard sur un livre qui changea ma vie. Je pense sincèrement que ce n'est pas le hasard mais le destin. Un livre très connu sur l'argent, l'investissement et l'entreprenariat.

Je ne lisais pas beaucoup à l'époque. Je remercie tous les jours l'Univers de m'avoir fait découvrir ce livre à 18 ans et non pas 40 ans plus tard...

Depuis ce jour, j'ai commencé mon voyage et appris un des secrets les plus importants des gens qui réussissent.

Tu deviens ce que tu désires réellement et les personnes qui t'entourent ont une immense influence sur vous.

En toute logique, je décide à ce moment de venir un grand investisseur et homme d'affaire !

J'ai appliqué tous les concepts de ce livre : ne pas suivre la route de la masse, se former soi-même, ne pas prendre tout pour acquis, se trouver un ou plusieurs mentors, sortir de sa zone de confort, passer à l'action!

Depuis, j'ai lu des centaines de livres sur la création de richesse, la santé, le bonheur, l'amour... et j'ai appris de plusieurs hommes et femmes incroyables. En gros je me suis bougé les fesses, pas comme 99,99% des gens...

Quand j'étais ado, j'étais timide, confus et mal à l'aise.

Je n'étais pas destiné à une vie grandiose. Je n'osais pas aborder les filles, je ne parlais jamais en cours et je n'avais pas du tout confiance en moi.

Aujourd'hui, j'ai presque 30 ans et je vis la belle vie ! Je suis devenu libre financièrement grâce à l'investissement immobilier, à l'investissement sur les marchés financiers dont les cryptomonnaies et à la création d'entreprises. Je donne des conférences devant des milliers de personne, j'ai des dizaines de sources de revenus, et maintenant j'aide des personnes désireuses d'être libre financièrement et de réaliser leurs rêves.

Ça me rend heureux. Je fais ce que je veux et quand je le désire.

Je reçois souvent des emails de lecteurs qui soulèvent le même problème :

« *Maintenant que tu es financièrement libre, pourquoi est-ce que tu continues? Pourquoi travailles-tu ?* »

Ou encore

« *Pourquoi ces projets et entreprises si tu es indépendant financièrement? Qu'est-ce qui te motive, l'égo, l'argent, autre chose?* »

Beaucoup de multimillionnaires prennent leur retraite après leur premier succès... pour repartir de plus belle au charbon au bout de seulement quelques semaines !

Lorsque vous êtes en mode « survie » (obéir à votre patron, faire décoller un business, ...), vous n'avez souvent pas trop le choix.

Et cette motivation « dos au mur » (bas de la pyramide de Maslow) peut t'amener très loin. Argent, Peur, Souffrance, Ego, Gloire, Pouvoir, ... toutes ces énergies peuvent effectivement être très puissantes.

Mais ça ne dure pas...

Fatalement, sur le chemin de la réussite, ce moteur s'épuise, s'apaise puis ne fonctionne plus du tout.

Donc il faut allumer d'autres moteurs, plus hauts dans la pyramide des besoins. Disons pour simplifier, l'Amour et la Contribution.

Si vous êtes déjà tombé vraiment amoureux, vous connaissez cette émotion puissante qui vous fait déplacer des montagnes pour l'être aimé.

Savoir aussi que rien ne dure et que tout est fragile, et pourtant espérer, construire, avancer, profiter du moment présent...

Et bien c'est pareil dans le domaine du business, de la réussite, de la liberté.

Quand vous aimez ce que vous faites et les gens avec qui vous le faites, vous pouvez le faire juste pour le plaisir de le faire. Ce ne sont que des expériences heureuses à vivre. Cela ne vaut pas dire que ce n'est pas difficile (on peut se planter, faire des erreurs, etc.).

Mais la souffrance de l'échec, toujours possible, passe au second plan pour devenir une simple expérience d'apprentissage.

Et surtout, on se sent tellement plus VIVANT.

Moi ce qui me fait vibrer, c'est aider les autres à être libres (parce que je connais la souffrance d'être prisonnier), à redevenir amoureux de leur vie (parce que je connais cette joie extraordinaire d'aimer ce qu'on fait), à réaliser tous les incroyables possibles qu'ils portent en eux.

C'est ma façon de contribuer à des vies meilleures, à un monde plus heureux.

Pourquoi me priver de cette joie, de cette passion, de cette possibilité d'exister au plus haut niveau de ce qui m'anime, tout en aidant ceux qui en ont besoin à avancer sur leur plus beau chemin de Vie?

Voilà pourquoi je parle souvent de l'importance de baser un business, une activité etc. sur ses passions, son pourquoi, sa vision, son Amour, sa Contribution, etc...

Alors bien sûr, ça demande le courage terrible de dire « Je t'aime ». A une personne, à un business, à un projet. Mais une fois que la survie est assurée, qu'est-ce qu'on peut faire d'autre qui en vaille la peine ?

L'Amour, pour un projet, comme pour une personne, donne la force de dépasser tous les obstacles. Et plus important encore, il enchante le chemin.

Pour conclure, ne vous demandez pas ce qu'est le secret du succès. Demandez-vous plutôt OÙ il est. Suivez le fil de ce qui vous fait vibrer, de ce que vous aimez...

L'immobilier et moi

Vous l'avez compris le schéma traditionnel ne me convenait pas.

Je suis créatif, curieux, passionné et j'ai besoin de liberté. Quel serait mon objectif après avoir obtenu mon diplôme d'ingénieur à 23 ans ?

Comme le disait si bien Charles Bukowski :

« Comment diable un homme peut-il se réjouir d'être réveillé à 06h30 du matin par une alarme, bondir hors de son lit, avaler sans plaisir une tartine, chier, pisser, se brosser les dents et les cheveux, se débattre dans le trafic pour trouver une place, où essentiellement il produit du fric pour quelqu'un d'autre, qui en plus lui demande d'être reconnaissant pour cette opportunité ? »

Alors à mes débuts, je ne voulais pas uniquement quelque chose dans lequel investir, je voulais quelque chose à laquelle je puisse croire !

L'immobilier était une évidence.

Les plus grandes fortunes de la planète ont été réalisées avec l'immobilier. L'immobilier a créé plus de millionnaires dans le monde que n'importe quelle autre profession. C'est un fait ! L'immobilier apporte à la fois la richesse financière et la sécurité émotionnelle.

N'importe quel investisseur qui se respecte tombe un jour ou l'autre dans l'immobilier. Pour des raisons différentes certes mais c'est le pilier de richesse numéro un. Certains veulent sécuriser un patrimoine, d'autres créer un cashflow de suite en partant de zéro, d'autres sécuriser des gains ! Moi le premier, j'investis une grande partie de mes bénéfices de mes entreprises et d'autres placements comme les cryptomonnaies dans la pierre !

Je dis parfois que je suis trois fois millionnaire.

Non pas que je possède exactement trois millions d'euros mais je suis devenu millionnaire dans trois domaines : l'immobilier, les cryptomonnaies et le business.

En effet, mon parc immobilier dépasse aujourd'hui le million ; mon portefeuille cryptomonnaie a atteint les sept chiffres et je génère plus d'un million par an dans mes différentes entreprises.

Je n'avais pas comme objectif d'avoir un immense empire immobilier, mais je me suis lancé sereinement, jeune, et après quelques années, je possède plusieurs biens qui me génèrent plusieurs milliers d'euros de cashflow net par mois.

L'immobilier c'est simple. Ça se résume à trois choses :

- **Trouver un bien rentable.**
  Une notion fondamentale c'est qu'on crée un bien rentable, on ne le trouve pas ! Et ça commence par la négociation. C'est simple, ce sont des mathématiques. Je veux 500€ net de cashflow ? Très bien ! Est-ce qu'à ce prix affiché, ça me donne ce cashflow ? Oui on fonce, non on négocie. Après avoir négocié le prix, est-ce le cashflow souhaité est atteint ? Oui on fonce, non on passe au suivant ! Pas de sentiment.

- **Pouvoir emprunter vite et bien**
  ...et sans limite si possible ! La première des choses est d'acquérir le bien avec l'argent de quelqu'un d'autre (la banque). Ensuite il faut se comporter en professionnel pour démontrer par A+B à la banque que nous allons gagner de l'argent. Encore et encore. TOUT LE MONDE peut emprunter un million d'euro. Après on commence à tester les limites du système bancaire : à partir de huit chiffres de patrimoine, on passe à un autre niveau, de nouvelles stratégies sont à mettre en place.

- **Optimiser et enchaîner** (niches fiscales et avantages fiscaux)
  La priorité est de choisir la bonne fiscalité en fonction de sa situation et de ses objectifs. La fiscalité engendre souvent la stratégie et le plan d'action : Si vous optez pour le statut LMNP (loueur en meublé non professionnel) comme moi à mes débuts, vous allez devoir faire des travaux (le plus possible), louer en meublé et non en nu, pour défiscaliser et, pour faire court, ne pas payer d'impôts.

Le reste relève de maximaliser le projet immobilier comme par exemple emprunter la totalité et ne pas mettre un centime de sa poche, demander un amortissement différé et commencer à rembourser son capital jusqu'a 24 mois après le déblocage des fonds (et donc encaisser presque deux ans de loyers plein), etc.

La seule chose qui compte c'est l'argent dans la poche à la fin du mois alias le cashflow. La rentabilité on s'en fout ! Vous préférez avoir 5% de rendement sur un immeuble ou 20% sur une place de parking ? Nous sommes d'accord !

Etude de cas. Projet de colocation à Montpellier en 2018.

T4 de 91m2 à l'ouest de Montpellier.
Stratégie : Colocation. Transformer en T5. Créer une 4ème chambre en coupant le salon en deux.

Prix affiché : 210 000€ + frais
Travaux à prévoir : 40 000€

Est-ce qu'à ce prix affiché, ça me donne le cashflow souhaité (1000€ net)? Clairement non ! Négociation.

Prix négocié : 130 000€ (c'était une succession difficile entre frères et sœurs, une très belle opportunité)
Est-ce le cashflow souhaité est atteint ? Oui. On fonce !
Etape 1 *Créer un bien rentable* ok

Provision sur frais de l'acte de vente et les honoraires ou émoluments de négociation : 17 000€
Coût total du projet : 187 000€

570€ de mensualités sur 25 ans. Etape 2 *Pouvoir emprunter vite et bien* ok. 1880€ de loyers perçus (4 loyers de 470€) en LMNP.

Cashflow brut : 1310€

Cashflow net (après charges comprises, impôt foncier, charges de copropriété, assurance, etc) : 1050€

Etape 3 *Optimisation* ok

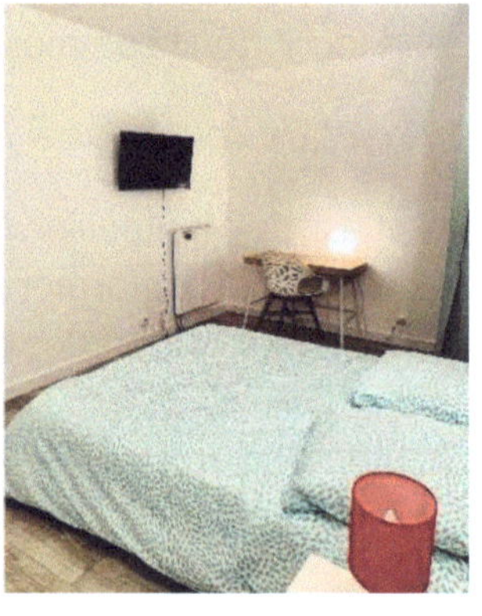

Oui il s'agit bien de la même pièce avec la fameuse quatrième chambre créée en coupant le salon en deux.

Les qualités de l'entrepreneur et de l'investisseur qui réussit

Comment outrepasser la peur d'investir en immobilier? Comment aller au-delà de ses blocages et croyances limitantes?

L'immobilier c'est l'investissement qui fait peur à tout le monde, à commencer par les novices. C'est effectivement un domaine avec des chiffres qui font peur et cela demande un passage à l'action conséquent surtout comparé à d'autres types d'investissements, plus spéculatifs, comme la bourse ou les cryptoactifs.

C'est assez amusant au final car je récupère souvent beaucoup de personnes en accompagnement qui ont suivi X formations en immobilier, qui ont dépensé énormément d'argent dans ces formations mais qui ne sont pas passé à l'action malgré tout.

Souvent les gens qui ne passent pas à l'action en n'ont pas forcément conscience mais ils ont une pensée limitante, même quand ils pensent ne pas l'avoir, et ça peut prendre vraiment plein de formes différentes.

La vraie question c'est comment on fait pour outrepasser cette situation ? Comment vaincre la peur d'investir en immobilier concrètement ?

Il suffit parfois simplement d'indiquer à la personne *« Voici les biens qui correspondent à ce que vous cherchez, c'est celui-là, il est devant vous, vous êtes en train de le visiter ! »* elle a juste eu besoin à un moment donné qu'on la prenne par la main et qu'on la mène sur le terrain. Il y a quand même une différence entre la théorie, le « j'ai tout compris » intellectuellement et le fait ensuite d'aller sur le terrain.

Des fois le cerveau se désorganise complètement, je sais tout mais quand je suis sur le terrain, c'est plus du tout la même...

Si vous voulez passer à l'action, mais que vous ne le faites pas, il y a une raison, et souvent ce n'est pas que vous n'avez pas trouvé le bon bien (bon ça peut être vrai au début) mais c'est juste votre cerveau qui vous trouve des excuses pour rester cohérent avec ce qu'il vous arrive !

Les principes sont vraiment simples (rappelez-vous les trois étapes quatre pages en arrière), mais la mise en œuvre n'est pas forcément facile. C'est à dire que l'immobilier tel que je l'explique là pour faire de l'investissement locatif rentable, les principes sont élémentaires mais tout le monde ne le fait pas ou tout le monde n'y arrive pas parce que faire des visites, négocier, monter un dossier pour la banque, faire des travaux... ça peut poser des problèmes à chaque étape.

Ça dépend du caractère de la personne. C'est vraiment une question de personnalité. On a tous des tempéraments différents, des parcours différents, des expériences différentes, et ça, ça construit notre manière de faire les choses et donc forcément un blocage peut arriver !

Quand on veut entreprendre, que ce soit dans l'immobilier ou autre chose, il faut avoir trois qualités principales.

On entend souvent dire tout le monde peut le faire. Tout le monde peut entreprendre, oui, dans le principe tout le monde peut entreprendre, c'est en effet interdit à personne...

Mais en fait il faut quand même faire preuve d'un certain nombre de qualités :

- **Être enseignable et ouvert d'esprit.**

Ce n'est probablement pas la première fois que vous lisez qu'il faut se former mais c'est absolument vrai !

Vous ne pouvez pas vous lancer dans une activité si vous ne maîtrisez pas tous les tenants et les aboutissants ! L'entreprenariat et l'investissement, il faut se former, il faut savoir où on va et on veut aller !

- **Être courageux. Prendre ses responsabilités.**

Si je n'y arrive pas, si je me trompe ou si je ne passe pas à l'action c'est de ma responsabilité, ce n'est pas de la faute du voisin. Ce n'est pas de la faute aux événements, ce n'est pas de la faute de je ne sais qui, il faut savoir prendre ses responsabilités : « *pourquoi je ne l'ai pas fait ? Comment je peux faire pour faire mieux ? Qu'est ce qui fait que quelqu'un d'autre à ma place a fait mieux ? Qu'est ce qui m'a manqué cette fois-là ?* »

Donc l'action permet quand même de guérir de pas mal de choses mais c'est vrai qu'il faut ce courage de se lancer.

- **Être créatif.**

La créativité est très importante : il faut savoir trouver des solutions quand un problème se présente à nous !

Vous ne pourrez jamais entreprendre et que tout soit lisse, parfait, que tout fonctionne comme sur des roulettes... Un entrepreneur est une personne qui trouve des solutions à des problèmes.

Et pour devenir millionnaire, il faut s'attendre à avoir des problèmes de millionnaires. Êtes-vous prêt à assumer ces problèmes ? La question est sérieuse ! Tout le monde n'est pas disposé à endurer ce genre de problème.

C'est ce qui fait la différence entre l'entrepreneur et celui qui n'entreprend pas, c'est que le premier, il se confronte aux problèmes, il les résout et il avance : la créativité pour surmonter les obstacles.

Ces trois qualités sont indispensables pour réussir et aussi pour lire la suite de ce livre, il vous faudra clairement être ouvert d'esprit, créatif et courageux ! De toute manière, les problèmes sont plus importants dans notre esprit que dans la réalité !

Dès qu'il y a une vague de manque de confiance ou de doute, c'est aussi souvent là que les vrais investisseurs et entrepreneurs font les meilleures affaires parce qu'ils profitent pour rester, passer à l'action et investir justement là où tout le monde s'en va : en immobilier, sur les marchés financiers mais également en entreprise, dans l'innovation et la technologie.

Ma mission aujourd'hui est d'éduquer collectivement chaque être humain sur Terre. Je crois que les gens devraient apprendre à penser, pas à quoi penser, n'est-ce pas ? D'ailleurs j'enseigne maintenant aux gens comment créer et développer leur propre entreprise avec les stratégies que j'ai apprises dans le monde des startups et le digital ; tout en couplant ces stratégies avec les opportunités de la société de demain.

Vous avez la possibilité d'être accompagné par moi-même et mon équipe si vous décidez de devenir un entrepreneur prospère et impactant, en suivant ce lien : https://formation.richea30ans.com/coach/

Les opportunités de la société de demain

14 mars 2019, j'ai l'immense plaisir de donner une conférence **TEDx** intitulée « La blockchain va changer le monde ».

TED (Technology, Entertainment and Design) a pour but, selon son slogan, de diffuser des « idées qui valent la peine d'être diffusées ». Le grand fan de l'organisation TED que je suis, a toujours rêvé de partager sa vision du monde sous ce format si particulier. En l'espace de 18 minutes j'y partage un message fort à un public transporté par mon discours. Voici un extrait de la fin de ma présentation :

« La force de changement de la blockchain équivaut à l'apparition du concept original de l'informatique appliqué à présent aux interactions sociales dans son sens le plus large.

Elle se base sur la connectivité, mais va au-delà des simples connexions. Ainsi, la blockchain peut devenir un puissant instrument de coordination sociale, dont le véritable impact nous aide à construire une meilleure approche sociale, plus généreuse, large et durable »

Mais qu'est-ce qu'il raconte ici ?!

Passionné depuis de nombreuses années par le monde des affaires et les finances, j'ai développé une approche toute particulière de la question. Loin des tendances purement économiques éphémères et de la dictature de placement farfelue des banques, il n'est pas question de suivre les traditions bêtement mais d'apprendre concrètement à investir et entreprendre à son niveau en fonction du monde dans lequel nous vivons.

J'aimerais vous faire part de ma vision du monde actuel.

Ma conception du monde fait très certainement la différence entre moi et l'archétype du financier du 21ème siècle. Mon esprit créateur d'ingénieur doit y être pour quelque chose.

Un concept tiré du mythique livre *Zero To One* de Peter Thiel explique très bien la chose. L'auteur explique, qu'en termes de sociétés, nous avons toujours eu quatre modèles « psychologiques » :

- L'optimisme défini : c'est la spécificité des XVIIe, XVIIIe et XIXe siècles ou le progrès technique était porté par de grandes visions de changement du monde. Les USA des années 50, 60.

- L'optimisme indéfini : c'est l'état des USA aujourd'hui. Les Américains ont vraiment confiance dans l'avenir mais sans projets exaltants. Ils sont contents de vivre à crédit sans investir.

- Le pessimisme défini : comme la Chine, qui sait que la catastrophe est toujours possible (les grandes famines historiques). La Chine craint toujours de ne pas être capable de rattraper le niveau de vie des Occidentaux.

- Le pessimisme indéfini : caractéristique de l'Europe où tout le monde est persuadé que l'avenir sera moins bon que le passé. En attendant de voir si le déclin sera lent ou rapide, les Européens préfèrent profiter de ce qu'ils ont.

Ces visions de l'optimisme indéfini et du pessimisme indéfini expliquent qu'on ait toujours plus de banquiers et d'avocats et moins d'ingénieurs et de bâtisseurs, que les politiques n'aient plus de grande vision : l'heure est à la gestion sage et sans ambition.

La finance incarne la pensée indéfinie parce que c'est le seul moyen de gagner de l'argent quand on ne sait absolument pas comment créer de la richesse. De brillants diplômés se dirigent vers Wall Street précisément parce qu'ils n'ont aucun plan de carrière véritable.

Personne, à aucun moment, ne sait que faire de cet argent dans l'économie réelle. L'argent est plus précieux que tout ce que l'on pourrait en faire.

Ce n'est que dans un avenir défini que l'argent est un moyen tendu vers une fin, et non une fin en soi. C'est pourtant ma vision, je suis clairement un optimiste défini.

Si vous voulez aller plus loin sur la question, je parle de ma vision du monde qui nous entoure, des opportunités de la société de demain et les différentes solutions qui s'offrent à nous dans l'émission *The Leader's Talk* de la chaîne digitale de **FORBES** disponible sur le site internet forbes.fr/leaderstalk.

Cette émission met à l'honneur des dirigeants de PME d'excellence dans les secteurs de l'innovation, l'industrie, les services, le conseil, etc. Ces acteurs de l'entrepreneuriat viennent présenter les problématiques de leur marché et leur manière.

Vous pouvez également me retrouver sur cette question dans le numéro FORBES spécial entrepreneur septembre-octobre-novembre 2019, si jamais vous pouvez mettre la main dessus !

Ces deux formats sont de très bons compléments à cette partie car d'après moi, l'épargne et l'accumulation insensée de richesse ne l'emportera jamais sur la création et l'innovation.

En effet, le monde a besoin de bâtisseurs pour franchir des paliers, des gens dotés d'une vision à plusieurs décennies.

Alors par pitié, ne soyez pas un investisseur/entrepreneur financier mais un investisseur/entrepreneur ingénieur ! Saisissez les opportunités de la société de demain et devenez des bâtisseurs. Vous ne devez pas rater la révolution blockchain !

Chapitre 2

La Blockchain, processus de destruction créatrice

« *Vous ne pouvez pas* dés-inventer *cette technologie. Vous ne pouvez pas retransformer une omelette en œufs.* »

Andreas Antonopoulos

New York, New York

Eté 2014, 23 bougies, je m'apprête à vivre ma dernière année d'étude, à New York City, pour obtenir un deuxième diplôme d'ingénieur. Tandis que la plupart de mes camarades de l'université, située dans la banlieue chic du Bronx, font la fête, je continue le chemin de ma propre indépendance et liberté financière.

Voici déjà plusieurs années que j'investis et entreprends. Mon plan d'action est simple : mes investissements passés et futurs ainsi que mes business me permettront de ne jamais passer par la case salariat. Et de prendre ma retraite, au plus tard, à 30 ans. Je décide d'avoir une expérience entrepreneuriale aux Etats Unis avec comme prétexte cette dernière année d'étude. Suivez toujours votre instinct. Toujours.

Il est 2 heures du matin et je parcours les offres d'emploi du *Center for Career Development* de l'université. Rien de tel pour comprendre les demandes du marché local et commencer à me faire un réseau. Une annonce retient particulièrement mon attention :

Front-End Engineer -
SolidX Partners Inc. - New York, New York

SolidX Partners Inc., a VC backed company located in NYC, is expanding its development team. SolidX builds innovative ***blockchain-based applications*** *for enterprises.*

SolidX est une société de développement de logiciels et de services financiers spécialisée dans l'apport de la technologie blockchain aux entreprises. Mais ça je ne le sais pas encore…

C'est la première fois de ma vie que je vois le mot « blockchain » mais je n'y prête pas vraiment attention. Je retiens le nom de la société ainsi que ce terme nébuleux que je viens de découvrir. Je continue d'analyser les différentes offres et opportunités jusqu'à très tard cette nuit d'aout 2014.

Quelques mois plus tard, j'intègre une startup dans un domaine qui me passionne : les énergies renouvelables, sur la région de New York.

Je m'occupe d'un peu tout et n'importe quoi. L'expérience est assez folle mais c'est ce que je veux de toute façon ! Gestion des ventes, supervision des projets, web-marketing, image de marque, conception, financement, attentes du consommateur, politique et modèles juridiques, besoins, ingénierie et production industriel, etc. Je me fais la main sur beaucoup de domaines variés et je me crée un réseau utile, notamment dans le microcosme start-up, tech et fintech.

Les locaux de la start-up sont partagés dans un immense *open space* super moderne et créatif, au centre de Manhattan. 1150 6ème avenue, 6ème étage.

Vous savez, ce genre de bureaux designs à la fois conçus pour le bien-être des employés et pour attirer de nouveaux talents ; avec des canapés tous les 10 mètres et au milieu une table de ping pong, un billard et un piano. Et bien c'est exactement ça !

Les locaux sont partagés avec plusieurs dizaines de start-ups. Le loyer au centre de New York ça coute cher, très cher. L'avantage, c'est que je découvre une infinité de personnes passionnées et passionnantes : entrepreneurs, marketeurs, ingénieurs... et des start-ups qui n'étaient connues ni d'Ève ni d'Adam.

Les entrepreneurs américains ne sont pas des clowns sur l'innovation. Je prends mon pied !

Après une journée bien chargée, en attendant l'ascenseur, j'examine sur le tableau d'accueil les différentes sociétés présentes dans les locaux. Tiens celle-là me rappelle quelque chose : « SolidX ».

Voyons voir plus en détail :

Job Opportunity

In this role you will:
** Learn how* ***the bitcoin blockchain*** *works and how it is being applied to a wide range of business practices.*
** Collaborate with development team on producing awesome code to be used in production systems.*
** Write code using test-driven development.*

Ah bon sang mais c'est bien sûr ! Mais, qu'est-ce que c'est que ce truc ?

Voici donc, vous l'aurez compris, le point de départ de mon aventure dans cette innovation révolutionnaire. Evidemment je vais directement questionner l'équipe qui est sur place et je fais mes propres recherches.

A l'époque, je n'ai rien compris. Des termes compliqués et je manquais clairement de connaissance technique.

Je me suis formé sur le sujet : l'ingénierie derrière tout ça, les aspects financiers et la philosophie de la blockchain.

En toute logique, j'ai aussi commencé à spéculer, un peu « au hasard », sur les cryptomonnaies en 2015. Comme beaucoup à cette époque, j'ai fait de gros profits (à une époque lointaine où le bitcoin était à moins de 250$ et ethereum à peine à 2$).

Nous sommes en 2015 et après plusieurs mois de recherches approfondies, j'avais ce sentiment que j'avais à peine aborder le sujet. Mais, à ce moment-là, je savais que c'était la plus extraordinaire technologie que j'avais vue dans ma vie.

Je pense que c'est un peu la sensation que les gens avaient dans les années 70 à parler des ordinateurs et dans les années 90 à parler d'internet.

L'évangélisation

Le monde va vite, très vite !

En 2015, quand je parlais blockchain et cryptomonnaies, on me regardait avec des grands yeux, et aujourd'hui, en 2019, je donne des dizaines de conférences et séminaires en France et à l'étranger et je forme des milliers de personnes en ligne (https://formation.richea30ans.com/formation-crypto-monnaie-offerte).

Ce livre va plus loin. Cet ouvrage examine cette avancée, mais il n'est pas seulement un hymne à l'innovation. Beaucoup y gagneront, certains y gagneront énormément, mais beaucoup seront évincés.

Comme dirait l'autre : Il y a 3 types de personnes dans le monde : ceux qui font les choses, ceux qui regardent les choses se faire, et ceux qui se disent « putain qu'est ce qui vient de se passer!? »

L'exercice d'écriture n'était pas du tout évident pour moi, faire un livre impactant sur ce monde très particulier et encore nouveau pour beaucoup, sans trop rentrer dans la technique, tout en faisant part des opportunités sur un marché bien précis comme l'immobilier, c'était presque mission impossible. Le but ultime est de vous donner envie.

De mon côté, je suis de plus en plus fasciné par ce qu'on pourrait appeler « la philosophie de la blockchain » c'est-à-dire en repensant et en réimaginant beaucoup de principes et de conventions à travers la technologie de la blockchain.

Le grand public, quant à lui, a soif d'information. Il y a énormément de travail dans la vulgarisation et la propagation de la bonne parole. Voici quelques exemples :

La première conférence en ligne que j'ai donnée sur l'impact de la blockchain sur l'immobilier avait réunie plus de mille personnes interloquées en direct. Avec pas moins de huit cents commentaires interrogateurs en deux heures.

Lors de ma conférence de mon séminaire les 19 et 20 mai 2018 (pour participer au prochain séminaire annuel : https://formation.richea30ans.com/seminaire), j'ai fait un test en posant trois questions aux centaines de participants :

- Qui n'a JAMAIS entendu le mot blockchain ?
- Qui a déjà entendu ce terme mais n'est pas capable de le définir ?

- Qui maitrise le sujet ?

90% des personnes présentes étaient dans la première et deuxième catégorie alors qu'il s'agissait d'investisseurs et d'entrepreneurs chevronnés. On était de base assez loin de la personne lambda.

Troisième exemple : J'ai réalisé un micro trottoir au printemps 2018 sur la blockchain et les cryptoactifs (disponible sur ma chaîne youtube.com/c/Richea30ans). Micro trottoir (à ressortir dans dix ans !) qui a eu le mérite de remettre l'église au milieu du village :

Quarante personnes interrogées. Douze ont accepté. Aucune n'avait investi ou même n'aurait été capable d'expliquer les notions abordées. Même si je vous l'accorde l'échantillon était assez faible, la conclusion était systématiquement :

« Nous n'allons pas nous lancer dans quelques choses que nous ne connaissons pas »

« Pourquoi irais-je utiliser quelque chose que je ne maitrise pas ?! »

« Nous avons besoin d'être formés ! »

Sans tomber dans des clichés hardcore, cette vidéo a mis en évidence les lacunes d'une société maintenue dans l'ignorance des connaissances essentielles à son indépendance. La majorité commencera à comprendre au fur et à mesure avec le développement et l'adoption par les différents services mis en place. Ce livre en fait partie.

Nous allons aller plus loin ensemble avec les 20 000 prochains mots.

Je vais philosopher et disserter sur le sujet pour vous donner envie de faire partie de cette aventure mais aussi exposer les états de fait actuels, vous conseiller, vous exposer ma vision.

Evangéliser, rassurer et conseiller.

L'Âge de la désintermédiation

Le système monétaire et les services financiers actuels sont extrêmement désuets et prêts à être bouleversés. C'est une certitude. Mais pas seulement ! Les systèmes logistiques, le commerce et différents marchés comme l'immobilier vont être métamorphosés. Pour ce dernier on parlera davantage de « tokenisation de l'immobilier ». Je prends le temps de définir ce terme plus tard.

La blockchain est un protocole informatique qui répond à trois grands points : la désintermédiation, la traçabilité et le consensus.

La désintermédiation c'est simplement le fait qu'il y ai un échange direct entre les utilisateurs, il n'y a pas de personne externe, une tierce personne qui intervient. La traçabilité implique de pouvoir garder « trace » sur un registre de transactions qui est disponible pour tout le monde. Et, le dernier point, le consensus, c'est le fait que les utilisateurs peuvent conserver et vérifier toutes les transactions sur ce registre.

Pour faire simple : la blockchain est un système de confiance totale auto suffisant.

Il est donc l'heure de tuer les intermédiaires !

Imaginez maintenant si on pouvait avoir une confiance totale, avec des informations vérifiables, sécurisables et validées par la communauté, combien de frictions cela va enlever, dans tous les processus, dans toutes les transactions, les gains immenses que ça va engendrer, les fraudes qui vont disparaitre, c'est la puissance de la blockchain.

L'Âge de la désintermédiation !

Connaissez-vous le jeu vidéo Age Of Empires, sorti en 1997 ? Ah nostalgie quand tu nous tiens !

Age of Empires est une véritable légende du jeu vidéo. Il a appris à de nombreux joueurs comment construire une ville, évoluer à travers les âges.

Le but du jeu est simple : débloquer de nouvelles technologies et unités permettant de bâtir un empire.

L'action du jeu se déroule dans un contexte historique, sur une période comprise entre 5000 av. J.-C. et 800 ap. J.-C. au cours de laquelle le joueur doit faire évoluer une civilisation antique de l'âge de la pierre à l'âge du fer. Le deuxième volet sorti en 1999 faisait évoluer une civilisation à travers quatre âges : l'âge sombre, l'âge féodal, l'âge des châteaux et l'âge impérial.

Pourquoi je vous raconte tout ça ?

Tout y est : construire un empire en développant son immobilier et de nouvelles technologies.

Ce jeu a surement planté la graine de l'investisseur immobilier dans ma tête, ainsi que mon attrait pour l'innovation technologique. Rien que ça ! Ce qui est étonnant c'est que ce jeu vidéo m'a fait indirectement tomber sur des recherches historiques très pertinentes que je vous exposerai plus tard dans ce livre (chapitre « la tokenisation a commencé il y a 6000 ans »). Il sera alors intéressant de débuter ma vision immobilière futuriste sur cette notion « primitive » de la tokenisation, des tout premiers registres, des tout premiers contrats enregistrés.

Les principes de la blockchain aujourd'hui sont plus ou moins les mêmes qu'à cette période où l'écriture n'avait pas encore été inventée !

Chapitre 3

« Blockchain but no bitcoin »

« Le bitcoin c'est comme McDonald's, les gens en veulent tous, sans comprendre vraiment ce qu'il se cache derrière.

En fin de compte ils en subissent les conséquences. »

Nicolas Popovitch

La confiance disruptive

Pour le titre de ce livre, j'hésitais entre plusieurs idées.

« La confiance diruptive » était l'une d'entre elles.

Si vous avez bien cerné ce système de confiance totale auto suffisant qui permet de tuer les intermédiaires, vous avez sûrement une petite idée de comment cela va impacter le marché immobilier (et tant d'autres).

Internet était déjà un moyen de réaliser une anarchie efficiente et de se passer de pas mal de choses, la blockchain et les cryptomonnaies vont encore plus loin.

Rentrons dans le vif du sujet.

« Blockchain but no Bitcoin » est une maxime utilisée par les détracteurs du Bitcoin. Ces derniers, rejetant les cryptoactifs qu'ils jugent peu fiables, ne veulent conserver que la technologie sous-jacente.

Cette façon de voir est attrayante dans un sens car l'objectif final est viable : développer la technologie blockchain, c'est le discours que je tiens et que je développe dans ce livre. Mais les personnes utilisant ce raisonnement ne comprennent pas la blockchain.

Elles estiment « tendance » de rejeter le bitcoin mais le fait est que les blockchains ne peuvent pas fonctionner sans unité de valeur intrinsèque, servant de socle pour le modèle de sécurité basé sur la théorie des jeux (domaine des mathématiques qui s'intéresse aux comportements humains via les interactions des choix des individus).

Une blockchain en elle-même, en tant que système de stockage et de traitement de données, est assez peu efficace. Si vous utilisez une blockchain, c'est pour créer un système décentralisé. Et, pour parvenir à cette décentralisation, il est nécessaire de valider des transactions sans donner à qui que ce soit le pouvoir de contrôler le réseau.

Le mécanisme permettant de réaliser cette décentralisation de la validation consiste à avoir un algorithme de consensus qui promet la compétition entre les validateurs. Pour avoir une compétition au sein de l'écosystème, il est nécessaire qu'un facteur de « risque versus récompense » significatif soit présent. La base de cette compétition s'avère être l'actif intrinsèque (cryptoactif) à la blockchain. Sans cette valeur, vous n'avez pas de base pour la compétition. Et, sans compétition, vous n'avez pas de sécurité.

Vous avez ici la base du rapport entre une blockchain et un cryptoactif (dont les tokens, notion primordiale pour la suite du livre)

La meilleure utilisation des cryptoactifs n'est donc pas comme une monnaie mais comme un protocole, en s'appuyant sur les nouvelles possibilités offertes par la blockchain. De la même manière que HTML est devenu un protocole pour le World Wide Web, la blockchain peut avoir l'ingéniosité technologique pour devenir le protocole pour les transactions de confiance (transaction financière, transaction immobilière, transaction de fruits et légumes, bref les échanges entre êtres humains).

Le web a été essentiellement réalisé en HTML. La grande innovation du créateur du web était de rendre l'internet visible, avec une navigation et un accès facile, ce qui a permis de superposer d'autres innovations à la plateforme.

La blockchain permet d'utiliser un système de transactions de confiance comme base (protocole) sur laquelle beaucoup d'autres transactions peuvent être construites. La blockchain pourrait offrir une solution beaucoup moins coûteuse pour les transactions qui nécessitent un tiers comme garant, comme pour les documents juridiques et notariés, les frais bancaires et les frais de plateformes...

Une nouvelle confiance digitalisée qui va disrupter tous les marchés.

L'immobilier révolutionné

J'ai choisi d'axer ce livre sur l'impact de la blockchain sur le marché immobilier.

À la fois par intérêt et aussi car cela sera un des marchés les plus révolutionnés.

L'immobilier et les cryptomonnaies sont deux domaines que je considère comme des passions pour moi.

Comme je vous en ai fait part dans l'introduction, j'ai commencé à spéculer sur les cryptomonnaies en 2015. L'investissement immobilier fait également partie de ma vie depuis plusieurs années.

J'accompagne aussi aujourd'hui de nombreuses personnes sur leur chemin d'investissement immobilier dans leur quête d'indépendance et de liberté totale (https://formation.richea30ans.com/coach/).

Le 1er août 2018 je donnais une conférence en ligne avec mon ami, associé et chasseur d'appartements Kris. Conférence en ligne sobrement intitulée :

« L'immobilier a besoin d'une révolution. Etes-vous prêt ? »

Tout un programme ! Et quoi de mieux que deux hommes de terrain et véritablement rentiers immobiliers pour parler (r)évolution de l'immobilier. Et non des geeks qui parleraient d'éventualités philosophico-technologiques d'un marché si tangible et palpable.

Le futur de l'immobilier ne peut être imaginé uniquement que par une palanquée de techno-utopistes et cyber-libertariens (même si je le suis également) cachés derrière un écran et qui ne se sont jamais sali les mains, sans expérience dans l'immobilier.

On ne joue pas au *Monopoly* édition science-fiction dans ce livre. Même si on y prend du plaisir, l'immobilier est un business qui existe depuis la nuit des temps et le but ici n'est pas de le transformer en un secteur à la fois ésotérique et inutilisable.

Pour pouvoir en parler et l'anticiper, il faut l'aimer, le comprendre, le vivre.

Ce prérequis étant énoncé, l'engouement de la blockchain sur le marché immobilier est assez extraordinaire. Même si cela reste marginal, il y a déjà de nombreuses applications et surtout le champ des possibles est immense.

Il suffit de faire appel à notre ami Google pour s'en rendre compte. Cherchons « blockchain real estate » (oui il y a encore très peu de contenu en français).

Forbes – *Three Ways Blockchain could transform real estate* (La Blockchain pourrait transformer l'immobilier de trois façons)

The Washington Post - *Does the future of real estate include Blockchain technology?* (La technologie Blockchain fait-elle partie de l'avenir de l'immobilier ?)

Nasdaq - *The Future of Blockchain-Based Real Estate Transactions* (Le futur des transactions immobilières basées sur la blockchain)

J'en passe et des meilleurs.

Et là où ça devient vraiment (très) intéressant, c'est le concept de tokenisation.

Point vocabulaire.

La tokenisation désigne le processus d'inscription d'un actif de valeur (comme la pierre en immobilier, un sac Louis Vuitton, une œuvre d'art, un être humain : un sportif ou un artiste) et de ses droits sur une donnée numérique appelées « jeton » (token en anglais) afin d'en permettre la gestion et l'échange, de façon instantanée et sécurisée sur une infrastructure blockchain.

Les tokens sont à l'immobilier ce que les actions sont aux sociétés. Enfin, c'est très réducteur, nous verrons par la suite que les actions sont complètement larguées sur certains points!

Chaque investisseur immobilier, sans exception, auquel j'ai parlé des innovations possibles a été soit emballé, soit médusé. Ou les deux.

Mon ami et associé Nicolas Popovitch, investisseur immobilier invétéré, a eu une phrase très belle pour illustrer la mauvaise compréhension des gens sur les cryptoactifs et la blockchain :

« Le bitcoin c'est comme McDonald's, les gens en veulent tous, sans comprendre vraiment ce qu'il se cache derrière. En fin de compte, ils en subissent les conséquences. »

Ce qui est intéressant chez Nicolas, c'est qu'il a un discours bien tranché. Il n'est pas un crypto sceptique dans le sens où il reconnait les avancées innovantes que permet la technologie mais il est fermement contre la spéculation sur ce marché. Il est donc indirectement (malgré lui ?) un « vrai » crypto enthousiaste avec un discours *« Blockchain but no bitcoin »* en somme.

Nicolas, vous et moi, allons être touchés de plein fouet par la tokenisation et les applications de la blockchain.

Il est important de noter que, à mesure que la blockchain gagnera en maturité, elle pourra délivrer ses promesses (notamment celles développées dans ce livre) au grand public. La technologie en elle-même en est encore à ses débuts. Bien que la blockchain ait déjà fait ses preuves pour les monnaies numériques, il n'existe pas encore beaucoup de PoC (Preuve de concept) concrets pour les autres secteurs. Pour que la technologie de la blockchain devienne mature, il est important que les entreprises et entrepreneurs continuent de travailler au développement de PoC pour aboutir à des applications de la blockchain.

Avant d'aller creuser les innovations possibles, revenons quelques années en arrière pour expliquer la logique du token et du registre.

Chapitre 4

La tokenisation a commencé il y a 6000 ans

« Le maintien de la civilisation offre la possibilité d'obtenir de chaque nouvelle génération une nouvelle transformation des penchants, condition d'une civilisation meilleure.»

Sigmund Freud

La logique derrière la technologie blockchain est simple. Et le principe de token adossé à des valeurs réelles ou de registre de confiance ne date pas d'hier. Ni d'avant-hier.

Il faut remonter à plusieurs millénaires en arrière, avant même l'invention de l'écriture pour retrouver les mêmes concepts et façons de penser.

Il est intéressant d'aborder cette période ancestrale pour « simplifier » notre logique pour la suite.

Petit retour en arrière.

En 1929, l'archéologue allemand Julius Jordan déterra une importante bibliothèque d'argiles vieilles de 6000 ans. Elles étaient bien plus anciennes que les exemples d'écriture retrouvés en Chine, en Egypte ou en Amérique centrale et étaient gravées de caractères abstraits qu'on appelle « cunéiformes ».

Ces tablettes venaient d'Uruk, ville mésopotamienne construite sur les bords de l'Euphrate, dans ce qui est à présent l'Irak. Cette grande cité avait cependant produit cette écriture qu'aucun expert moderne ne pouvait déchiffrer. Que disaient ces tablettes ?

Uruk constituait une autre énigme, apparemment sans rapport. Les ruines d'Uruk étaient pleines de petits objets en argile, coniques, sphériques ou cylindriques...

Ces découvertes ressemblaient aux objets de la vie quotidienne : amphores, pains et animaux bien que stylisés et standardisés.

A quoi servaient-ils ?

Personne n'y comprenait quoi que ce soit jusqu'au jour où l'archéologue française Denise Schmandt Besserat se pencha sur la question. D'après elle, ils avaient un but bien simple : il s'agissait de **jetons** de comptage (appelés **tokens**). Les jetons en forme de pain pouvaient servir à compter des pains. Les jetons en forme d'amphore pouvaient servir à compter des amphores. Le comptage par correspondance est facile : pas la peine de savoir compter, il suffit de regarder deux quantités et de vérifier qu'elles sont les mêmes.

Les jetons d'Uruk vont cependant plus loin, car ils servaient à compter toutes sortes de quantités différentes et pouvaient servir à additionner et à soustraire. Uruk était en son temps une grande ville : une économie urbaine exigeait commerce, planification et même fiscalité.

Imaginez-vous donc les premiers comptables au monde, assis à la porte de l'entrepôt du temple, et utilisant leurs petits jetons en forme de pain pour compter les sacs de grain qui entraient ou sortaient. Il n'existait pas encore de nombres abstraits, indépendants du produit comptabilisé, qui servent à tout compter. Même en l'absence d'écriture, ce système sophistiqué permettait un contrôle efficace des biens.

Denise Schmandt Besserat signala autre chose, d'assez révolutionnaire. Ces marques abstraites sur les tablettes ? Elles correspondaient aux jetons. Personne n'avait remarqué la ressemblance parce que cette écriture ne semblait rien représenter, elle avait l'air abstraite.

Les tablettes étaient des **registres** et avaient servi à enregistrer les allées et venues des jetons, qui eux-mêmes enregistraient les allées et venues des moutons, des céréales et des amphores de miel.

En fait, les premières tablettes portaient la marque des jetons mêmes, produite en appuyant ces jetons d'argiles durcie dans l'argile molle de la tablette. Denise Schmandt Besserat résolut les deux problèmes à la fois. On y créait la première comptabilité de notre histoire.

Les tablettes furent aussi les premiers contrats écrits, puisqu'il n'y a qu'un pas à franchir pour aller de la notation de ce qui a été payé à la notation de ce que l'on s'engage à payer dans l'avenir. La combinaison des jetons et du cunéiforme déboucha sur une formidable procédé de vérification : une boule d'argile creuse appelée bulle. Sur l'extérieur, les parties engagées par un contrat pouvaient inscrire les détails de l'obligation, notamment les ressources à payer. L'intérieur de la bulle contenant les jetons représentant l'accord. L'écriture à l'extérieur et les jetons à l'intérieur se confirmaient mutuellement.

Ces documents étaient les bons de commande et les factures qui rendaient possible la vie d'une société urbaine complexe. Beaucoup de transactions financières reposent sur des contrats écrits explicites (assurances, comptes bancaires, actions cotées en bourse, fonds indiciels et papier monnaie).

Les contrats écrits sont le sang vital qui irrigue l'activité économique moderne, et les bulles de Mésopotamie sont les toutes premières preuves archéologiques de l'existence de **contrats écrits**.

Au total, voilà une somme impressionnante d'inventions. Les habitants d'Uruk étaient confrontés à un immense problème, fondamental dans toute économie moderne : faire face à un réseau d'obligations et de prévisions à long terme entre des individus qui ne se connaissent pas bien, qui ne se rencontreraient peut-être jamais.

Toujours une question de confiance. Le problème fut résolu par une suite d'innovations géniales (ce que Gordon Childe, archéologue australien, a appelé la « révolution urbaine ») : la première comptabilité et les premiers contrats.

Chapitre 5

La tokenisation de l'immobilier

« L'innovation vient de la destruction créative.»

Yoshihisa Tabuchi

L'immobilier aujourd'hui

Lorsque j'ai acheté mon premier appartement, le processus n'était pas différent de celui que mes parents avaient suivi dans les années 70. Il y avait énormément de paperasses avec des signatures et des sceaux. Il a fallu des semaines (des mois !) pour arriver à la fin du processus et le jour de la vente il a fallu des heures pour s'y retrouver. Les échanges étaient manuels et grotesquement coûteux. J'ai payé des milliers d'euros en frais de notaire pour vérifier un transfert qui aurait pu être effectué par voie électronique pour presque rien en appliquant une certaine ingéniosité technologique.

En rendant tout public, la blockchain réduit drastiquement les risques de fraude, car vous ne pouvez pas contrefaire un certificat de propriété en étant vu par tout le monde.

La fraude est encore diminuée par le fait que chaque cryptoactif porte son histoire avec lui ; essayer de contrefaire un cryptoactif nécessiterait la contrefaçon d'une fausse lignée remontant jusqu'au début de celui-ci. Cela ne sera jamais accepté par le système, puisque les millions d'exemplaires du grand livre qui se trouvent dans le reste du réseau n'auraient aucune trace de cette contrefaçon ou de son histoire inventée.

Le léger tampon temporel introduit par l'algorithme empêche également l'utilisateur d'essayer de dépenser simultanément ses cryptoactifs deux fois, puisque le délai permet au réseau de supprimer toute tentative d'utiliser deux fois les mêmes fonds. En somme, la blockchain permet d'exploiter un registre de transactions, constamment mis à jour et accessible au public, sans dépendre d'un quelconque interlocuteur central ou d'un intermédiaire pour maintenir le bon fonctionnement de la procédure. C'est un réseau de confiance, créé avec du code.

Tous les acteurs de la chaîne monétique (à l'exception… des fraudeurs) y trouvent donc leur intérêt (notamment sur des frais réduits et plus de sécurité), ce qui explique l'enthousiasme de chacun vis-à-vis de la tokenisation.

La tokenisation revient à dire par exemple que le prix d'un immeuble x est de y jetons de z sorte.

Les intermédiaires financiers et technologistes s'y intéressent de très près car le transfert sur la blockchain d'actifs réels permet de cumuler les avantages d'un protocole (dont l'absence de papier) tout en conservant les caractéristiques de l'actif. Le fait de convertir en tokens des actifs relativement illiquides (immobilier, art…) et de les rendre échangeables sur un marché permet de réduire les frictions aux échanges.

Nombre d'actifs traditionnels vont sûrement être tokenisés, car ils risquent de toute manière de perdre leur prime de liquidité s'ils ne le sont pas. Le secteur de l'immobilier par exemple pourrait se voir prochainement disrupté par les technologies blockchain !

Exemple de tokenisation de l'immobilier

Qu'est-ce que c'est en gros la tokenisation ?

Je vais vous raconter l'histoire de Pierre.

Pierre a 18 ans et va rentrer dans les études supérieures et trouve un petit boulot à côté. Pierre veut investir dans la pierre.

Grâce à son petit boulot, il arrive à mettre de côté 50 € par mois et tous les jours il analyse et recherche les bons placements immobiliers.

Pourquoi ? Parce qu'on lui a dit, je suppose comme à vous, il faut investir dans l'immobilier : tout le monde devrait avoir un patrimoine mais c'est plus facile à dire qu'à faire...

Pierre peut investir à hauteur de 50 € par mois, il place dans l'immobilier, il continue d'investir au même rythme pendant cinq années d'études et tous les mois il réinvestit tous ses gains. A 23 ans, à la fin de ses études, il décroche un CDI, ce qui lui permet de mettre de côté maintenant 200 € par mois dans l'investissement immobilier.

Partons sur une simulation à 7 % net par an. En février de la première année, il a placé 100€ + quelques centimes d'intérêt du premier mois, soit 100,30€. En mars, dans la même logique, il a en sa possession 150,90€ (150€ + 90 cents de loyers). Etc

Au bout de 7 ans Pierre a donc un capital de 15 000 € avec 75€ de loyers mensuels. Alors certes un revenu de 75€ x 12 par an ça ne fait pas rêver mais il a commencé avec seulement 50€ et il a un capital de 15000 €. Multipliez tout ça par des chiffres plus intéressants (car nous parlons d'un étudiant de 18 ans) et vous aurez des revenus beaucoup plus importants comme un investisseur immobilier qui se respecte !

Comment fait Pierre ? Aujourd'hui, investir dans l'immobilier, on ne peut pas vraiment le faire avec un billet de cinquante... Pour bien saisir la tokenisation il faut comprendre qu'un bien immobilier a plusieurs caractéristiques :

- La première caractéristique est qu'un bien immobilier a une valeur, c'est le prix, combien a priori vaut cet appartement,

- Un bien immobilier peut générer un rendement, c'est le loyer,

- Un bien immobilier peut générer une plus-value à la revente.

- Un bien immobilier est illiquide. En d'autres termes, si demain vous avez 100 000 € sur votre compte, vous avez 100 000 € de liquidité. Cet argent, vous pouvez l'utiliser, vous pouvez le dépenser, vous pouvez acheter votre baguette de pain avec. Mais si demain vous achetez un appartement de 100 000 €, cette somme avec laquelle vous pouviez acheter du pain se retrouve bloquée dans les murs de l'appartement. Et évidemment, vous ne pouvez pas dire où boulanger voici un bout de mon salon, prends-le et donne-moi une baguette. C'est ce qu'on appelle « illiquide ».

L'investissement dans l'immobilier, en règle générale et pour la majorité des gens, est un processus long, complexe et qui fait peur. Je suis bien placé pour le savoir en tant que formateur sur cette thématique. Ce n'est pas en un claquement de doigts que l'investissement se fait : « Tiens, c'est pas mal j'achète » non, il faut passer par des agents immobiliers après évidemment le notaire, il y eu la négociation avec le propriétaire vendeur. C'est compliqué. Ce n'est pas insurmontable, ce n'est juste pas facile et long.

De plus, en France, il faut passer la plupart du temps par un financement et pour monter un crédit il faut un dossier et quand on est jeune, quand on n'a pas de CDI, c'est compliqué...

Concluons simplement que pour une grande partie de la population ce n'est pas évident d'accéder à la propriété...

Alors comment fait Pierre ? Comment fait-il pour investir, sans aucun frais, sans notaire et avec 50 € par mois. Grâce à l'application la plus excitante de la blockchain : la tokenisation.

Il s'agit de créer des tokens qui sont à l'immobilier ce que les actions sont aux sociétés.

Vous savez sans doute ce qu'est une action : un « bout » d'entreprise, une « part » de société : avec la tokenisation vous allez transformer votre appartement comme si c'était une société en actions. Une fois qu'on a créé nos tokens on en fait ce qu'on veut !

On peut vendre les tokens à des investisseurs, à un prix fixe sur le marché primaire comme dans l'exemple de Pierre, lui en vendre directement, lui qui voudrait en acheter 50 € par mois. Vous pouvez même en acheter et investir pour 10 centimes si la valeur établie du token est de 10 centimes. Ensuite, c'est ce qui est aussi excitant, c'est l'échange (le trade) : les investisseurs peuvent donc les échanger, les conserver, les vendre et les racheter sur un marché secondaire.

Les tokens peuvent être mis dans une bourse et comme une action ils vont avoir des hauts et des bas, la valeur va fluctuer. C'est possible d'acheter des tokens pour X euros à Tokyo et Y euros à New York, Z euros à Paris et de se créer, à son échelle, un portefeuille diversifié sur toute la planète, adossé à de vrais biens.

Ce futur n'est pas si loin que ça puisqu'énormément d'appartements ont déjà été tokenisés : à Dubaï, à New York City, en Corée du Sud...

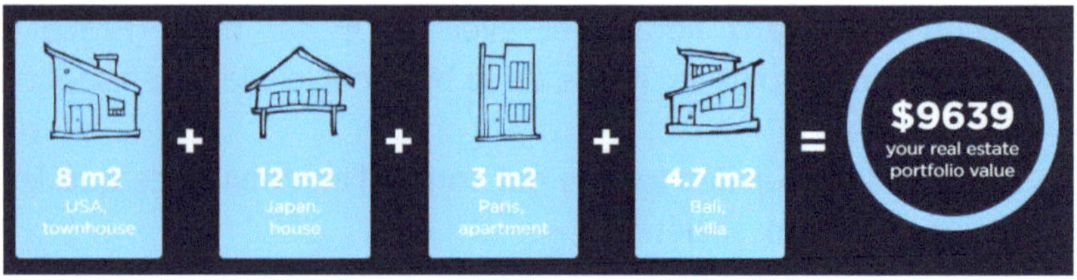

Exemple sur la plateforme Alt Token

Cette innovation touche tout le monde :

- La personne qui n'a pas grand-chose pour investir,
- La personne qui ne peut pas investir de manière traditionnelle en immobilier,
- La personne qui n'a pas accès à un crédit,
- La personne qui veut investir très jeune,
- La personne qui veut diversifier à l'extrême,
- La personne qui est bloquée dans son processus d'investissement immobilier,
- Etc.

Alt.Estate : Acheter des tokens immobilier dans le monde

J'ai choisi de développer les objectifs d'Alt.Estate. Ce projet s'inscrit parfaitement dans la vision que j'ai évoquée plus haut.

Le but d'Alt.Estate est de promouvoir la technologie blockchain dans l'immobilier en créant des incitations économiques claires pour les acteurs du marché.

L'objectif est ambitieux comme vous pouvez le constater, mais sans ambition, point de salut dans ce marché gigantesque. Alt.Estate souhaite donc promouvoir la blockchain et les crypto-monnaies sur le marché de masse en résolvant les problèmes traditionnels des investissements dans l'immobilier.

Rien que ça ! Alors ont-ils ce qu'il faut pour y parvenir ?

Alt.Estate se base sur deux points majeurs pour triompher parmi la concurrence :
– Un protocole de marquage de biens immobiliers,
– Une plate-forme d'échange de biens immobiliers tokenisés.

Qu'est ce qui est absolument génial avec Alt.Estate ?

1. La possibilité d'acheter des parts d'immobilier dans le monde entier sans contraintes et avec des frais réduits et des délais d'achat réduits à quelques clics.

En une heure vous pouvez avoir une part d'un chalet à Tignes, trois parts d'un appartement dans le Delaware, deux parts d'une maison sur pilotis à Waikiki (si si on vous le dit!). Et ce, en ayant quelques centaines ou milliers d'euros à investir. Vous devenez un investisseur immobilier international avec une facilité et une rapidité jamais imaginée jusqu'à présent.

2. Alt.Estate répond à beaucoup d'avantages théoriques que la blockchain peut apporter pour révolutionner l'immobilier. Ainsi

les coûts de transaction habituels qui peuvent représenter dans les 30% (frais de notaires, frais bancaires, frais d'agent immobilier, de chasseur) seraient réduits aux seuls 2% dont la plateforme a besoin pour fonctionner.

3. Un avantage concurrentiel au niveau du budget marketing. Là où la plupart des cryptoactifs disposent d'un budget marketing grâce aux levées de fonds (appelées aussi ICO : Initial Coin Offering), Alt.Estate met en avant le fait qu'ils vont bénéficier d'un effet multiplicateur de leur visibilité. En effet, les promoteurs, agences et autres vendeurs de biens immobiliers utiliseront leurs budgets marketing actuels pour promouvoir leurs biens sur la plate-forme ce qui démultipliera la visibilité de la plateforme et donc sa capacité à capter le marché de la tokenisation de l'immobilier.

4. Possibilité d'être son propre REIT. Les REITs sont d'énormes sociétés spécialisées dans l'investissement immobilier. Elles achètent des actifs dans le monde entier, en tirent des revenus et en versent une grande partie aux actionnaires. Aujourd'hui pour un particulier qui voudrait acquérir de l'immobilier un peu partout et en tirer des bénéfices, seul l'achat d'actions REIT est possible. Mais vous ne choisissez pas les biens dans lesquels vous investissez. Ici vous êtes totalement libre de choisir où et sur quel type de biens vous souhaitez placer vos tokens.

5. Si vous achetez des tokens maintenant alors que le projet n'est qu'à ses débuts... vous pourriez bénéficier de trois leviers :
- La hausse du marché des cryptoactifs qui fera prendre de la valeur à vos tokens,
- La hausse du token en particulier si Alt.Estate atteint ses objectifs d'utilisation massive,

- Les gains obtenus par l'investissement immobilier habituel. Cumulez les trois... entre une capitalisation globale des cryptomonnaies qui (si les cryptomonnaies continuent leur processus d'adoption massive) pourrait faire au minimum fois 10... un projet qui atteint ses objectifs très ambitieux et devient une crypto top 50... et les gains liés à l'investissement immobilier rentable, vous avez là un triptyque qui pourrait transformer 1 euros en plus de 1000 euros en 10 ans, et pas besoin d'être un expert en mathématiques pour le constater.

6. 80% de tous les jetons seront distribués au public. Cela assurera la croissance à long terme du protocole Alt.Estate car vous savez que beaucoup de projets crypto pâtissent du fait qu'une grande partie des tokens sont en possession de quelques acteurs.
- 60% des jetons seront distribués pendant l'ICO,
- 20% de tous les jetons seront distribués pour la croissance du réseau Alt.Estate,
- 20% des jetons ALT créés seront alloués à l'équipe Alt.Estate et aux conseillers.

Les jetons d'équipe ne seront pas immédiatement négociables, alignant davantage les intérêts des équipes avec ceux des objectifs à long terme de l'entreprise. La plupart des jetons d'équipe sont verrouillés pendant un an (à l'exception de certains conseillers) et ce blocage dépend des indicateurs de performance individuels pour chaque membre de l'équipe.

Maintenant je vous propose une petite immersion dans l'avenir au vu des fondamentaux d'Alt.Estate :

« David achète des fractions de plusieurs villas avec seulement 25 000 euros : David a 37 ans. Il travaille en tant que gestionnaire dans une entreprise informatique et est un homme typique de la classe moyenne. Actuellement, il cherche à investir ses économies de 25 000 euros. David est prudent face aux risques car il est père de deux enfants et plutôt réticent à miser tout son capital durement gagné sur une entreprise opportuniste. Il sait qu'il souhaite se concentrer sur les locations à court terme en raison de la demande croissante d'Airbnb et d'autres marchés en ligne. La richesse de David ne suffit pas pour acheter de tels biens, et il n'est pas autorisé à investir dans des véhicules immobiliers privés en vertu des lois de son pays, il n'est pas considéré comme un investisseur qualifié. Il y a bien les REIT mais David fait des recherches et découvre la volatilité des prix. De plus, en période d'instabilité financière, ils sont tout aussi vulnérables que les autres actions. De plus, il ne veut pas être un investisseur « aveugle », ignorant quels biens immobiliers il possède.

La raison pour laquelle Alt.Estate existe est d'aider David et d'autres personnes qui luttent pour accéder au monde exclusif de l'immobilier. Avec Alt.Estate, David découvre les meilleures options disponibles via la plate-forme en ligne. Il sélectionne plusieurs villas océaniques en Indonésie, en France et en République dominicaine, achète instantanément ses jetons sur le marché secondaire au sein de la plate-forme et possède désormais un portefeuille diversifié.
David termine cette transaction miraculeuse en une heure sans avoir à se soucier de tous les papiers et problèmes juridiques auxquels il aurait dû faire face autrement. Il peut vendre ses jetons à tout moment sur le marché secondaire. »

Autres cas où Alt.Estate permet d'ouvrir le champ des possibles, du moins en théorie :

– Vous possédez un appartement et vous êtes muté dans un autre pays. Vous souhaitez vendre rapidement sans être soumis à des acheteurs qui vont déprécier votre bien. Grâce à cette révolution vous pouvez revendre rapidement votre bien et recevoir les liquidités,
– Vous êtes déjà investisseur immobilier possédant plusieurs biens. Vous tombez sur un nouveau bien à forte rentabilité mais vu votre taux d'endettement, la banque risque de ne pas vous suivre et l'opportunité va partir très vite. Grâce à Alt.Estate, vous pouvez vendre rapidement un bien que vous avez déjà amorti en partie et récupérer des liquidités pour faciliter l'opération.

Comment pouvez-vous lister votre bien sur la plate-forme ?

Le processus de listage comprend les étapes suivantes :

- Un vendeur s'enregistre auprès de la plate-forme et passe toutes les procédures KYC, AML et autres,
- Le vendeur demande à inscrire la propriété sur la plate-forme,
- Analyse préliminaire de la propriété,
- Évaluation par un comité d'experts,
- Approbation du comité d'experts,
- Procédures de diligence raisonnables,
- Un identifiant de propriété unique (PID) est attribué à la propriété qualifiante.

Comme vous pouvez le constater on est assez proche d'une logique d'analyse de projets comme on peut le trouver dans le Crowdfunding.

Le projet Alt.Estate se déploiera en plusieurs étapes, ainsi deux phases peuvent être distinguées concernant le protocole développé par Alt.Estate.

Première phase :

Les opportunités d'investissement sont détectées grâce aux études de marché Alt.Estate, en tirant parti de l'expérience de leurs équipes et conseillers. Des procédures comprenant une analyse, une évaluation, un comité d'experts et une diligence raisonnable sont mises en œuvre pour confirmer la décision d'investissement.

La première phase est la principale source de croissance de la plate-forme dans le cadre juridique existant. Pour cette phase, un modèle commercial éprouvé de crowdfunding est donc utilisé :

– Le vendeur répertorie une propriété qualifiante pour crowdsale,
– Les investisseurs soumettent des ordres d’engagement fermes et déposent des fonds dans un portefeuille de foule spécial,
– Lorsque l'objectif de financement est atteint, Alt.Estate Group met en place la structure de propriété légale, y compris une entité à but spécial (SPE) pour marquer le bien,
– Un nombre fixe de jetons SQM est émis : un jeton par mètre carré de propriété,

– La SPE achète la propriété et distribue les jetons SQM parmi les participants crowdsale,
– Les jetons SQM sont répertoriés sur la plate-forme,
Alt.Estate peut utiliser ses propres fonds pour co-investir dans des offres de financement participatif afin d'aligner davantage ses propres intérêts sur ceux des investisseurs. C'est ce que font la majorité des plate-formes de crownfunding.

Seconde phase :

Transformation du protocole Alt.Estate en marché immobilier décentralisé de particulier à particulier (P2P).

La deuxième phase sera lancée dès que la technologie et la législation nécessaires seront développées, juridiction par juridiction, ce qui demandera du travail et du temps.

Les vendeurs seront incités à marquer leurs biens, même sans intention de les vendre immédiatement, car toute fraction de la propriété sous forme de jetons peut être vendue, héritée, offerte ou distribuée avec des coûts de transaction minimaux.

Les éléments de décentralisation seront testés et ajoutés à la plate-forme étape par étape. Le développement progressif de la chaîne de blocs Alt.Estate, la croissance de la communauté et le rôle croissant des détenteurs de jetons ALT dans les opérations et la gouvernance constituent la base de cette deuxième phase.

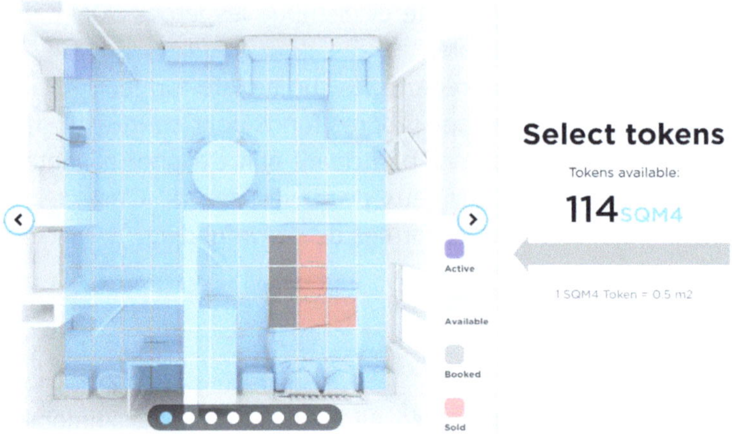

Exemple de tokenisation d'un bien immobilier chez Alt.Estate

Tokenisons un bien !

Prenons un exemple concret. Prenons l'exemple de mon dernier appartement acheté à Montpellier et rénové en avril 2019.

Un bel appartement de 74m² situé à l'ouest de la ville. Un T4 transformé en T5 destiné à la colocation. Ce bien immobilier est clairement une anomalie de marché, le m² est de 1200€ dans un quartier aux alentours de 1800-2000€ le m² (déjà intéressant pour une ville comme Montpellier). Mon offre finale de 90 000€ est acceptée à mon grand étonnement et plaisir. Une très belle affaire ! J'obtiens un financement à un taux d'intérêt de 1,63% sur 20 ans à 160% : le prix de l'appartement, le notaire et les travaux (50 000 € à prévoir).

Prix 90 000 € + frais d'achat 7000 € + 50 000 € de travaux. Je touche aujourd'hui 1880 € de loyers (4 loyers de 470€) par mois pour des mensualités de 650€. Oui c'est décidemment une belle affaire !

Disons que je veuille tokeniser mon bien à 50 % donc ça veut dire que par exemple je vais créer 147 000 tokens à un euro le token (ça sera plus simple comme ça) : je vais en garder 73 500 pour moi et vendre 73 500 autres tokens à d'autres investisseurs.

Chaque token donne le droit de percevoir, et ça c'est très important, le revenu des loyers, un peu comme un dividende. Qu'est-ce qu'un dividende pour une action ? Une entreprise fait des bénéfices elle peut décider de reverser une partie de ses bénéfices à ses actionnaires. Ici c'est pareil, vous devenez actionnaires de cet appartement et les revenus que génèrent l'appartement sont divisés entre les actionnaires.

Donc les investisseurs de ce token touchent une partie du loyer qui est proportionnelle au nombre de tokens qu'ils ont et donc ce token va avoir une valeur basée sur la valeur du bien, plus le rendement que l'on peut générer.

Au départ le token était d'un euro mais comme vous imaginez, il y a une forte probabilité que les loyers continuent d'augmenter : si les loyers augmentent, la valeur du token augmente.

Nombre de tokens	Loyer par mois	Revenu mensuel par token	Revenu mensuel pour 1000€ investis	Rentabilité brute de l'investissement
147 000	1880€	0,01279€	12,79€	15,35%

N'oublions pas que dans mon scénario, j'ai gardé la moitié des tokens donc je touche la moitié du loyer soit 840 € par mois et les autres 840€ par mois sont divisés entre les différents actionnaires. Nous verrons plus tard dans cette ouvrage l'intérêt pour le propriétaire de faire une telle démarche.

Caractéristiques d'un TOKEN

Je vous ai parlé d'immobilier mais il y a des possibilités illimitées et n'oubliez pas qu'un token est un bout de code donc vous faites exactement ce que vous voulez avec ce token. Il y a plusieurs variables à prendre en compte quand on crée un token :

- Il y a le **nombre** de token : ici 147 000
- Le **prix** de lancement : ici un euro, mais vous faites ce que vous voulez, si vous voulez lancer un token sur un appartement avec seulement trois tokens ou trois milliards c'est possible.
- Ensuite il y a la **distribution** du token dans notre exemple j'ai voulu en vendre 50 % des tokens et garder la moitié mais vous pouvez décider de ne distribuer que 10%, 1%, ça dépend de votre objectif. Vous rendez liquide à 100 % votre appartement.
- Il y a le **revenu distribué** mais encore une fois ce n'est pas une obligation : vous pouvez décider de ne pas distribuer les revenus générés mais juste de proposer les tokens de votre bien pour une plus-value potentielle.
- Il y a aussi **le droit attaché.** Le créateur du token décide, par exemple de mettre en place un droit d'usage : on pourrait dire que chaque personne qui possède 5000 tokens a le droit de passer un weekend par an dans cet appartement ou chaque

personne qui a 10 tokens peut me serrer la main quand il veut. Les possibilités sont infinies.

Exactement le même principe que pour les actions mais les actions appliquées à l'immobilier de Monsieur Tout-Le-Monde! En revanche, il y a une énorme différence avec les actions et les tokens et c'est aussi là que les actions sont complètement larguées...

- Un token est **échangeable** contre un autre token ! 20€ d'appartement à New York peuvent être échanger contre 15€ d'appartement à Paris en un clic et en transfert direct. Aujourd'hui il est impossible d'échanger cinq actions TOTAL contre une action LVMH. Nous pourrons bientôt faire des parties de poker en pariant cinquante tokens boulevard machin ou avenue trucmuche.

- De plus c'est **transmissible** (je veux parler en succession), il n'y a pas l'état qui au moment d'une succession se dit tiens je prends la moitié ! Vous pouvez transférer l'ensemble de votre patrimoine en tokenisant l'ensemble de votre patrimoine. Vous avez juste à transférer vos tokens sur le Wallet de votre enfant.

- De plus, c'est **divisible** à un millionième, par exemple vous pouvez acheter 0,00000001 de bitcoin ou autre.

- Un autre point essentiel qui peut-être ne vous touche pas directement mais qui est fondamental dans la révolution blockchain! Ces idées vont toucher des milliards de personnes sur la planète qui n'avaient pas accès à ce genre de service. Dans les **pays sous-développés,** en Asie, en Afrique, en Amérique du Sud, en Inde (soit plus de cinq milliards de personnes quand même) la très grande majorité de la population n'a pas accès à notre marché et ne peut pas investir étant donné leurs très bas revenus.

Même si elle gagne un euro par jour ou dix dollars par mois dans leur pays, il suffit d'un accès Internet, d'ouvrir un wallet et la personne peut acheter 12 centimes d'appartement à Paris 15 centimes d'appartement à New York et on renverse la symétrie : il n'y a plus la même relation Nord-Sud, le Nord qui investit dans le sud comme aujourd'hui. Demain tous les pays auront accès à des ressources actuellement réservées à une minorité.

De plus, comme le décrit Marc Andreessen, un spécialiste du capital-risque, les cryptoactifs disposent d'un énorme espace à combler :

« Dans le monde, une vingtaine de pays seulement ont des systèmes bancaires et de paiement que nous considérons comme entièrement modernes ; pour les 175 autres, le chemin à parcourir est encore long. Par conséquent, de nombreux pays sont exclus des produits et services que nous, Occidentaux, tenons pour acquis. Même Netflix, un service entièrement numérique, n'est disponible que dans une quarantaine de pays. »

- C'est **utilisable comme une monnaie d'échange.** Aujourd'hui, quand vous êtes dans un bar, vous ne pouvez pas demander au serveur de payer avec 0,3 action TOTAL ou 0,05 action LVMH. Demain vous pourrez régler avec trois tokens de votre cabane au fond du jardin, en imaginant une compatibilité instantanée avec le token du bar, lui-même échangeable sur tous les marchés.

La vie de mon appartement tokénisé

Exemple sur la durée avec l'exemple de mon dernier bien :

Le prix d'un token est fixé par l'offre et la demande. Prenons un exemple théorique très simple ! Imaginons qu'au début 2019, on décide de distribuer un token d'un bien immobilier bien précis au prix de 1€. Le loyer fixé à partir de janvier 2019 est de 1000 €.

Imaginons que le locataire veuille partir cet été : il donne son préavis trois mois à l'avance, en avril, pour résilier son bail de location. Le propriétaire doit trouver un autre locataire sans quoi, en toute logique, il ne touchera pas de loyer et

indirectement le token perdra un peu de valeur. C'est inquiétant pour un investisseur.
Comme sur tous les marchés financiers, comme avec n'importe quelle action, à l'annonce d'une nouvelle (positive ou négative), ça impacte à court terme les tendances de ce marché.

Les investisseurs anticipent effectivement qu'il n'y aura peut-être plus de loyer qui rentre en juillet ! Le prix du token baisse à 0,80€ en mai. Le propriétaire se retrouve malheureusement sans loyer en juillet, le token baisse jusqu'à 0,60€...

Les investisseurs intelligents et long termistes placent leurs billes en août (bientôt la rentrée, plus de chance de trouver un nouveau locataire), ce qui provoque une première hausse spéculative. Le token remonte à 0,65-0,70€ alors qu'il n'y a toujours pas de loyer qui rentre...

Continuons dans notre scénario, le propriétaire ne trouve pas de locataire et se dit qu'il va faire de la location saisonnière AirBnb à partir de septembre. C'est une très belle promesse de rentabilité et de rentrée d'argent. Le prix du token explose. Je vous décris vraiment ce qui arrive avec les actions : le PDG d'une entreprise peut annoncer « Nous allons attaquer ce nouveau marché, nous allons avoir de nouveaux clients. » et les actionnaires se disent que c'est une excellente nouvelle et achètent en masse. C'est la même chose ici, le propriétaire continue la location courte durée le dernier trimestre de l'année et encaisse deux fois plus de loyer qu'auparavant.

Les gens ont confiance ! En 2020, le propriétaire arrête la location saisonnière, le token redescend à 1,10€. A la fin de l'année, les loyers augmentent, le locataire accepte. À l'annonce de l'augmentation du loyer le token prend de nouveau de la valeur et monte vers les 1,20€. C'est la loi de l'offre et la demande selon la vie de l'appartement.

Tokenisation: possibilités d'investissement illimitées!

Il y a des possibilités d'investissement illimitées. L'immobilier est sans doute l'un des marchés les plus prometteurs. Du moment que quelque chose a de la valeur, la tokenisation est possible !

On peut tokeniser un être humain. Un homme ou une femme produit de la valeur, crée de la richesse ! Un sportif a des contrats publicitaires, un artiste sort des albums...

Imaginez-vous avoir mis la main sur quelques tokens Kylian Mbappé avant la Coupe du Monde 2018. Après un excellent tournoi et une telle envolée médiatique, la valeur du token aurait explosé ! Entre l'adolescence du joueur, son développement, son premier club puis ses premiers gros contrats... le joueur (et le token adossé) ne fait que prendre de la valeur.

Voici un article du journal britannique *The Independent*: *« Is tokenisation of players the future of football deals? - Everything from bitcoin to art can be traded using blockchain technology – but what about players? »*

Des fonds d'investissements, des stratégies d'investissements, tous les produits qui étaient réservés à une élite financière peuvent être accessibles à partir de quelques centimes…

Autre exemple pertinent, la tokenisation est parfaite pour la production cinématographique. Un film est dans les tuyaux, le projet cherche à se faire financer et les investisseurs se positionnent sur le token à la période où le script est lancé. Les acteurs principaux sont annoncés, le public est conquis. Deux ans après, le film sort dans toutes les salles du pays et fait plusieurs millions de recette : le token aura pris énormément de valeur.

Intérêt pour l'investisseur et l'émetteur !

Maintenant, vous pouvez vous poser la question de l'intérêt pour l'émetteur du token de faire cette démarche. Nous avons vu l'intérêt du token pour l'investisseur mais quel est l'intérêt de l'émetteur d'un token privé dans l'immobilier ?

Reprenons mon exemple où je tokenisais 50 % de mon dernier appartement à Montpellier (73 500 tokens à 1€ sur 147 000). Quel est mon intérêt sachant que 50 % de mes revenus générés par les loyers sont réduits en partageant avec l'ensemble des investisseurs…

Première chose importante, la tokenisation permet de rendre **100 % liquide** mon bien tout en gardant sa propriété : je peux récupérer du cash… Je m'explique. S vous achetez un appartement de 200 000 € et qu'il vous arrive une mésaventure ou quelconque soucis, imprévu, opportunité… votre voiture tombe en panne, très mauvais timing, vous ne pouvez pas revendre votre appartement ! Et même si vous pouviez le faire, ça mettrait des mois voire une année pour récupérer les liquidités. En revanche vous pouvez tokeniser votre bien immobilier, disons à 5 %. Ça reste un exemple mais vous êtes libre de faire ce que vous voulez

Deuxième point, la **diversification**. Vous avez placé 200 000 € à un endroit précis, dans un quartier précis, dans un pays avec une économie variable, plus ou moins instable, dans une zone avec telle devise, plus ou moins vulnérable... Bonjour le risque ! Vous avez un seul appartement... mais vous pouvez tokeniser la moitié et répartir 50% de votre investissement partout sur la planète, dans des zones économiques différentes, au potentiel différent et ainsi diversifier à l'extrême, tout en gardant la propriété de votre bien.

Troisièmement, et pour aller plus loin, **l'auto-financement** (cette notion est sans doute la plus révolutionnaire de toute, elle sera développée d'avantage dans la partie « *Une blockchain à plusieurs milliers de milliards de dollar : tokeniser tous les actifs, biens immobiliers et ressources de la planète.* » du chapitre suivant).

Si vous avez compris la logique : vous pouvez investir sur un bien et tokeniser une partie en proportion de ce que vous estimez nécessaire pour les travaux. Vous créez de la valeur par cette tokenisation destinée aux travaux et donc vous augmentez la valeur intrinsèque de ces mêmes tokens par l'augmentation de la valeur du bien. Tout le monde trouve son compte et les investisseurs sont heureux : le bien a pris de la valeur par cet « auto-financement » et vous allez toucher un loyer en conséquence.

C'est un nouveau monde qui s'ouvre à nous et je suis très enthousiaste !

Pour résumer les intérêts pour l'investisseur et l'émetteur :

Emetteur du token	**Investisseur dans le token**
Achète un bien sans frais et sans intermédiaire.	Investit à partir de quelques centimes, sans frais, en un clic
Peut se créer de la valeur à partir de ce qu'il possède déjà (auto-financement)	Echangeable, transmissible, divisible
100% liquide	Utilisable comme monnaie
Diversification extrême	

Chapitre 6

La blockchain anéanti l'espace entre la carte et le territoire

« Le progrès n'est que l'accomplissement des utopies. »

Oscar Wilde

L'idée la plus importante de la blockchain : l'évolutivité sociale

Le terme de « évolutivité sociale » n'est pas de moi mais de Nick Szabo, un des pionniers de la cryptographie et une des personnes les plus écoutées dans le monde de la cryptomonnaie.

Nick a sorti un essai « *Money, blockchains, and social scalability* » sur l'argent, la blockchain et l'évolutivité sociale. Un projet très compliqué, long, technique mais j'aimerais vraiment vous présenter ce que c'est, en plus court et plus simple.

Revenons encore plus en arrière

Il y a 70 000 ans.

A cette époque, il y avait une dizaine d'espèces du genre Homo. Maintenant, je ne vous apprends rien, il n'y en a plus qu'une : Homo sapiens. Mais pourquoi Homo Sapiens a survécu à ses confrères comme Homo Neandertal alors que ce dernier était bien plus fort physiquement ?

La seule différence est que Sapiens avait la capacité de former des groupes et d'organiser des activités. Un groupe de sapiens organisés dépasse largement un individu plus fort, directement par la bataille physique ou indirectement par la prise de contrôle des ressources vitales.

C'est un des aspects de pourquoi Sapiens a survécu, c'est l'évolutivité sociale c'est-à-dire :

L'augmentation des actions qu'on peut réaliser sans y penser. C'est ça l'évolutivité sociale : rajouter des actions à l'échelle de l'individu, des actions qu'on réalise ensuite sans s'en rendre compte et qui font avancer la civilisation et l'humanité.

Sapiens a mis des actions en place, des structures externes qui ont fait avancer l'évolutivité sociale de l'espèce.

Pourquoi évolutivité sociale est la chose la plus importante qui soit ? Les innovations ont pour but de répondre à un besoin précis pour améliorer notre niveau de vie et ainsi faire perdurer l'évolutivité sociale. Le langage est sûrement l'innovation qui a le plus fait croitre notre évolutivité sociale, l'argent également et énormément d'autres avancées technologiques.

Toutes les innovations mises bout à bout facilitent les échanges, et l'économie globale. Un des aspects essentiels de toutes ces innovations est l'augmentation de la confiance.

En effet, le système moderne a mis énormément de choses en place pour intensifier la confiance, à commencer par la justice et les tribunaux, qui permettent à la majorité de se lancer dans un échange avec quelqu'un beaucoup plus sereinement.

Mais également de nombreux protocoles et innovations sociales pour sécuriser les produits sur leur provenance, leur qualité, leur composition, leur péremption.

Et encore plus récemment, grâce à internet, une des plus grandes améliorations de l'évolutivité sociale, est le système de confiance en ligne :

On peut noter les produits et fournisseur sur Amazon. On peut noter son chauffeur Uber. On peut noter notre hôte sur Airbnb. Pas besoin d'avoir le curriculum vitæ du chauffeur Uber puisqu'il a une moyenne de 4,8 sur 5 d'après plusieurs centaines de votes.

L'évolutivité sociale augmente, la confiance augmente.

L'évolutivité sociale que sera la blockchain va amener le niveau de confiance à 100%, et ce pour tous les marchés, à commencer par l'argent. Un niveau extrême de sécurité et de fiabilité sans intervention humaine. C'est impossible de calculer la croissance de cette évolutivité sociale mais nous pouvons clairement le placer au niveau d'internet. Les cryptoactifs ouvrent la possibilité de développer ce qui rend les humains uniques.

Quelques exemples sur lesquels j'ai investi. Je termine sur quelques projets immobiliers. D'ailleurs, cette notion peut être un conseil d'investissement de ma part pour vous : essayer d'évaluer le niveau d'évolutivité sociale que le projet tente d'apporter, tant sur le niveau de confiance que sur le marché disrupté !

Wabi : une blockchain qui lutte contre la contrefaçon et notamment sur les niches des produits pharmacologiques, de la nourriture pour bébé, produits liés à la santé publique... Wabi ont un produit fini efficace (je reparlerai de l'idée de prototype plus tard), et doit aujourd'hui surtout concentrer ses efforts sur son développement commercial pour dénicher de nouveaux partenariats.

VeChain : même principe mais pour la mode et les produits de consommation. VeChain traduit un produit du monde réel vers son pendant virtuel sur la blockchain. Chaque information sur le mouvement de la chaîne d'approvisionnement d'un produit peut être enregistrée et vérifiée !

Omnitude : le projet exploite la technologie blockchain qui relie les plateformes de commerce en ligne et le système interne des entreprises, en vue d'une intégration transparente. Encore une fois, le système prévient les fraudes, diminue les frais en tuant les intermédiaires.

Brave/BAT : Un navigateur web blockchain ! Où l'utilisateur est rémunéré en cryptomonnaies grâce à l'attention qu'il vend aux annonceurs. Le modèle de rémunération est basé sur la blockchain Ethereum. L'utilisateur peut redistribuer une partie de ses fonds à ses éditeurs préférés qu'il consulte tous les jours.

Également deux projets immoblockchain que je vais d'avantage développer : Bee Token & Brickblock

Brickblock : l'investissement dans une nouvelle phase de disruption ?

Brickblock va permettre de créer d'échanger et de financer des *assets* réels sur la blockchain. La première étape est ambitieuse avec comme objectif de tokeniser de l'immobilier. Pourquoi voudriez-vous investir avec de la monnaie fiduciaire si vous devez payer d'énormes frais pour ce même investissement ? Brickblock élimine le problème des frais d'investissement, en faisant en sorte que votre investissement vous coûte moins cher.

Brickblock est une application décentralisée exécutée sur le réseau Ethereum. La start-up veut révolutionner le monde de l'investissement et de l'épargne grâce aux contrats intelligents. Le projet est large et touche à l'allocation d'actifs (ETF, cryptomonnaies, REIT...) dans son ensemble.

L'entreprise vise à faciliter les échanges et l'investissement, à permettre l'accès à des petits portefeuilles et à diminuer considérablement les coûts de transaction. Leur but est d'éliminer les contraintes géographiques, commerciales et supprimer la nécessité d'avoir un compte bancaire, ce qui permettrait d'ouvrir l'investissement à un public beaucoup plus large.

Historiquement, un des principaux problèmes de l'investissement est qu'il est surtout intéressant pour ceux qui sont déjà riches. Beaucoup d'opportunités ne sont accessibles qu'aux investisseurs dits « qualifiés » et ayant un gros portefeuille. Le ticket d'entrée est souvent très élevé et quand l'investissement est accessible, les frais pour les petits sont trop élevés pour qu'il soit possible d'être vraiment rentable. Essayez de gagner de l'argent en créant un compte titre dans une banque physique qui prélève des frais d'ouverture, des droits de garde, des frais d'abonnement aux plateformes de trading, des frais de gestion, des frais de transaction avec un prix minimal quelle que soit la transaction...

Internet a déjà permis des évolutions très importantes dans ce domaine. De nombreux courtiers en ligne permettent d'investir des petites sommes en payant des frais réduits. A titre d'exemple, le courtier De Giro permet d'acheter sans frais des ETF (fonds suivant les cours d'un marché où d'un secteur spécifique), sachant que l'intérêt des ETF est déjà d'avoir des frais de gestion dix fois plus faibles que les fonds d'investissement dynamiques. On se retrouve donc à investir quasiment gratuitement.

Brickblock veut utiliser la Blockchain pour faire entrer l'investissement dans une nouvelle phase de disruption. Dans le cadre de cet ouvrage nous allons nous concentrer sur la partie immobilière du projet.

Brickblock souhaite développer une plate-forme permettant à des gestionnaires de fonds de répertorier des projets immobiliers à fort potentiel et d'aider les utilisateurs à découvrir facilement des opportunités intéressantes. Chaque projet sera soigneusement audité par des analystes indépendants pour éviter des fraudes.

Le projet s'appuie sur la possibilité de diversifier ses types d'investissement et les secteurs géographiques. Il sera aussi possible de toucher l'équivalent de dividendes, de réaliser des plus-values ou de réinvestir le tout via la technologie des smart contracts.

En somme, Brickblock a pour vocation de transposer ce qui se fait déjà aujourd'hui mais dans le monde de la blockchain. Cela peut paraître relativement peu révolutionnaire contrairement à ce que propose Alt.Estate, mais c'est aussi beaucoup plus simple à transposer et à développer, d'autant que l'intérêt économique et pratique est bien réel.

Le projet est solide et le processus très bien pensé. Dès lors, c'est un projet sur lequel il faut compter dans la « guerre » de la tokenisation de l'immobilier.
Nous avons donc vu deux projets, Brickblock et Alt.Estate qui ont des projets très différents mais s'adressant à un marché global énorme.

Maintenant étudions un projet plus connu par ceux qui me suivent depuis longtemps et qui surtout s'adresse à un secteur bien spécifique, celui de la location saisonnière. Il s'agit de Bee Token, start-up qui prétend devenir le AirBnb de la Blockchain.

Bee Token & Beenest : location saisonnière 2.0, la mort d'Airbnb ?

Bee Token est pour faire très simple le modèle décentralisé d'Airbnb ! Dans un sens la blockchain est un peu l'ubérisation d'Uber. D'ailleurs les développeurs sont des anciens ingénieurs de chez Uber (et Facebook, Google...).

Bee Token veut passer à un système entièrement automatisé, où les contrats intelligents, les dispositions juridiques écrites dans le code, remplacent le rôle qu'Airbnb joue via son site Web conventionnel en réunissant les hôtes et les invités. Pourquoi voudriez-vous passer par Airbnb avec 20% de frais si vous passez par Bee Token avec 0% de frais ?

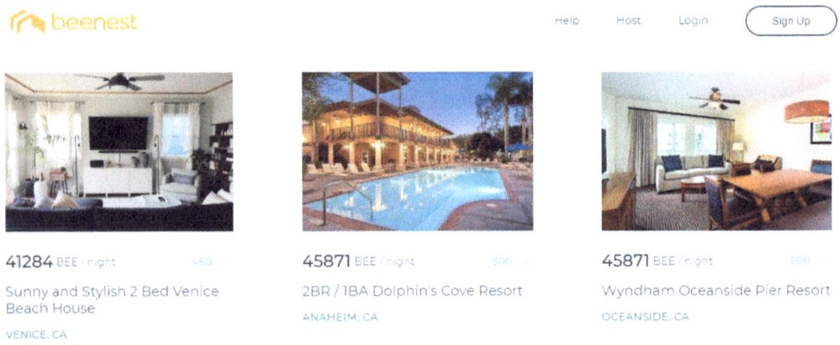

Nous voilà sur votre page Airbnb... euh non... que dis-je... votre page Beenest où vous pouvez réserver vos prochaines vacances avec vos petits Beetoken.

Quoi de plus concret que cette plateforme déjà fonctionnelle pour décrire le projet ? Pour environ 45 000 tokens par nuit, vous pouvez réserver une charmante villa en Californie.

Nous sommes dans le concret, la blockchain qui change nos vies dès aujourd'hui. Alors vous vous dites... oui enfin quel intérêt puisqu'on a Airbnb ? D'autant que sur Airbnb on n'a pas besoin de suivre une formation d'ingénieur pour savoir comme acheter des Beetokens en passant par telle plateforme pour acheter des Ethereum avant d'atterrir sur une autre plateforme encore plus obscure pour se procurer les dits tokens.

Alors quel intérêt ? Eh bien je vais vous le dire tout de suite !

« Beenest est le premier réseau décentralisé de location saisonnière basé sur un ensemble de protocoles qui connectent les hôtes avec des invités sans aucune commission sur les transactions ».

Voici le premier intérêt qui fait de Beenest un concurrent sérieux aux sites de location saisonnière actuels. La où Uber et Airbnb ont enrichit énormément quelques acteurs, Beenest par la baisse des frais, se veut le « Robin des bois » de la location saisonnière en permettant aux locataires de payer moins cher et aux propriétaires de gagner plus.

Le petit investisseur est gagnant à la place du gros fond de capital risque qui a misé sur les start-ups qui pèsent des milliards aujourd'hui.

Aujourd'hui Airbnb prélève des frais à hauteur de 20% du prix de la location. Sur une maison louée 200€ la nuit cela représente un manque à gagner pour le propriétaire ou une économie ratée pour les locataires, de près de 15 000€ par an. Que croyez-vous qu'il se passerait si aujourd'hui Beetoken lançait une campagne marketing sur le web et à la télévision avec un argument de prix comme celui-là ?

Le système Bee est assis sur trois piliers principaux :
– Un système de paiement sécurisé qui permet à deux entités P2P (particulier à particulier) authentifiées d'envoyer et de recevoir de l'argent détenu dans des jetons Bee après un échange de services réussi entre les deux entités. En l'occurrence une location de courte durée.
– Un système d'arbitrage décentralisé qui résout les différends entre utilisateurs, offrant des incitations positives pour développer un réseau de véritables modérateurs et des incitations négatives pour dissuader les fraudeurs.
– Un système de réputation qui associe une identité valide, obtenue par un protocole d'empreinte digitale de confiance sur la chaîne de blocs Ethereum, à une évaluation déterminée par

un examen transparent et immuable et des échanges de scores entre entités P2P (invités et hôtes).

Ce système de notation est accompagné de récompenses et d'incitations qui poussent à un comportement honnête, vertueux et respectueux. Bien sûr il faudra confronter cela à l'épreuve des faits. De plus le système basé sur la Blockchain et les smart contracts permet une plus grande honnêteté et protège contre d'éventuelles manipulations. En effet avec les plateformes centralisées des données peuvent être effacées facilement. Beenest apporte donc une plus grande transparence dans les avis et notations.
Un autre point fort de Beenest est la capacité à se transposer à d'autres secteurs de l'économie du partage, comme pour le covoiturage (Blablacar et ses frais grandissants accrochez-vous...), la location de voiture (Drivy...) etc.

Imaginez un hard fork (une scission d'une cryptomonnaie pour pouvoir réviser n'importe quel aspect du code de la blockchain) de vos Beetokens pour obtenir gratuitement des Blablacoins ou des Drivytokens qui en se généralisant dans l'utilisation prennent tous de la valeur de façon exponentielle ?

Nous n'en sommes pas là bien sûr et le Beetoken est aujourd'hui très bas, mais si le système fonctionne et que l'équipe marketing fait bien son travail... nous avons ici un token dont la généralisation pourrait entraîner une croissance de la valeur difficile à imaginer. On parle de plusieurs marchés qui à l'échelle mondiale représentent des dizaines voire des centaines de milliards.

En ce mois d'octobre 2018, le market cap de Beetoken est de... un million d'euros... passer à ne serait-ce qu'un milliard ferait faire fois 1000 à votre investissement.

Bien sur ce n'est pas tout rose. Si Beetoken est à un million de capitalisation c'est que le projet a aussi de grandes chances de ne pas toucher son public.
Mais l'équipe est solide, le projet apporte une vraie plus-value aux investisseurs et aux consommateurs comme aux professionnels. Beaucoup d'ingrédients pour le succès sont là et vu le prix actuel et le potentiel du projet, mettre 100€ c'est déjà s'ouvrir à la possibilité d'un enrichissement considérable en cas de succès du projet.

Dans un scénario ultra positif où Beetoken se généralise et s'ouvre à d'autres applications comme le covoiturage ou autre... une capitalisation de dix milliards ne serait pas impossible, ce chiffre serait même relativement faible. Dans ce cas et vu le cours actuel... 100€ placés sur Beetoken en vaudraient... un million d'euros... oui un million d'euros.

Cela semble impossible mais sachez que les premières personnes à avoir acheté du Bitcoin l'ont acheté à quelques centimes, et vous connaissez son prix aujourd'hui.

Alors évidemment ce n'est pas si simple, un token avec aussi peu de liquidités et une énorme volatilité au moindre échange sur le marché peut difficilement avoir une utilisation qui se généralise. C'est un frein majeur à l'adoption, mais c'est le problème rencontré par toutes les cryptomonnaies. Mais comme Bitcoin, plus le Beetoken sera utilisé de façon massive et plus le market cap sera élevé, plus les variations seront faibles.

De concurrent, Airbnb pourrait aussi être un collaborateur du projet car les protocoles Beetoken ont été conçus pour que « les applications d'économies de partage centralisées existantes comme Airbnb, puissent les intégrer, afin de tokeniser leurs offres si elles veulent les ouvrir à un marché plus vaste et inexploité de crypto-enthousiastes. »

Beetoken ne fait pas partie des petits projets, mais au vu de sa capitalisation il fait partie des microprojets, ceux dont personne ne parle. De fait, il pourrait être considéré comme un *shitcoin*... mais l'analyse fondamentale du projet montre une équipe solide avec un projet clair et fonctionnel qui a tout pour réussir. Beetoken bien qu'ayant la capitalisation d'un *shitcoin*, n'en est pas un. C'est un vrai projet inconnu, sous-marin... qui dans dix ans pourrait transformer beaucoup de personne en millionnaires, c'est ma vision.

L'entreprise n'en est encore qu'à ses débuts et réalise des tests sur quelques appartements notamment à San Francisco. L'ouverture à l'ensemble des grandes villes de la planète puis du monde, avec la campagne marketing qui va avec et donc la massification sont prévues progressivement à partir de 2020.

Achetez maintenant, attendez deux ans, je pense que Beetoken sera déjà bien haut... et deux ans plus tard... to the moon ? Plus sérieusement tout me pousse à trouver le projet solide et très largement sous coté. Un simple youtubeur anglophone influent qui parle du potentiel de cette crypto, ou alors une star du sport ou de la chanson qui teste le produit, en est satisfait, en parle sur twitter ou instagram... et les cours pourraient déjà s'envoler. San Francisco est la ville où l'application est testée... c'est aussi la ville des Golden State Warriors, équipe NBA qui écrase tout sur son passage et compte cinq des meilleurs joueurs de la génération actuelle dans ses rangs. Si l'équipe de développement gère bien son marketing... ça serait exceptionnel.

Pour aller plus loin, j'ai enregistré une émission podcast en anglais avec le co-fondateur de BeeToken, Tony Tran, pour parler ensemble du projet et de la vision de l'équipe (disponible sur ma chaîne youtube.com/c/Richea30ans tapez « *Airbnb sur la blockchain (avec Bee Token)* »)

Beetoken n'est finalement pas un projet ultra révolutionnaire, comme pourrait l'être Alt.Estate.

Il s'agit définitivement d'une simple transposition de ce qui se fait déjà aujourd'hui dans le monde de la Blockchain. Cependant les gains de compétitivité et les autres avantages apportés par cette technologie font de Beetoken un projet concret pouvant devenir très vite opérationnel si l'équipe fait bien son travail, et j'avais oublié de préciser que justement... l'équipe est excellente !

Alors vous allez investir dans la blockchain ? Il y a forcément un projet qui vous touche plus particulièrement ! Par vos affinités ou votre domaine de prédilection.

Une blockchain à plusieurs milliers de milliards de dollars : tokeniser tous les actifs, biens immobiliers et ressources de la planète.

Jusqu'ici j'ai parlé de la blockchain qui s'applique à des solutions déjà existantes (Uber sur la blockchain, Airbnb sur la blockchain, crowdfunding sur la blockchain...)

Ces projets sont très utiles et de grande valeur !

Mais il n'y a pas encore eu LA super innovation qui ne fait pas que transposer une idée mais va plus loin, qui l'améliore avec une vraie avancée. Pour réimaginer cette nouvelle technologie qui pourrait transformer durablement le monde.

Amazon n'était pas *juste* un supermarché sur internet, Amazon a profité des prix de stockages inférieurs pour offrir une sélection inédite qu'aucun supermarché ne pourra jamais stocker !

Google n'était pas juste un énorme catalogue de site web, Google profitait des *hyperlinks* pour faciliter des recherches plus efficaces et la découverte d'informations !

Mais finalement, aujourd'hui, il y a peu de projets blockchain qui ont le potentiel pour restructurer la société. Un cas d'utilisation impactant et révolutionnaire serait de faciliter les financements pour l'ensemble des entreprises (notamment pour les plus petits).

Je n'ai pas la prétention de connaitre l'application révolutionnaire mais une des idées les plus prometteuses que je n'ai jamais entendue (idée de Scott Nelson, CEO de Sweetbridge) serait d'appliquer la blockchain à la chaine logistique pour tokeniser tous les actifs, biens immobiliers et ressources de la planète.

Cela permettrait à l'ensemble de tous les business de placer leurs biens sur la blockchain (bien immobilier, produits physiques...) pour emprunter contre ces biens à un taux d'intérêt extrêmement bas et d'alimenter leur propre croissance.

Si c'est le cas, ce cas d'utilisation de blockchain logistique a le potentiel de chambouler une industrie de plusieurs milliers de milliards et le business dans sa globalité !

Nous sommes à des années voire des décennies que ça devienne concret mais ce genre d'utilisation montre le vrai potentiel de cette technologie.

Aujourd'hui, l'industrie de la logistique représente deux tiers du PIB mondial soit 50 000 milliards et emploie la majorité de la population mondiale.

L'inefficacité première de cette industrie est le haut niveau de centralisation. Les grands groupes et grosses entreprises (comme Starbucks ou Coca Cola) demandent des conditions très contraignantes à leurs fournisseurs car ils contrôlent une énorme partie du pouvoir d'achat.

Plus vous remontez dans le réseau, plus les acteurs ont des difficultés financières. Ils n'ont pas d'autres choix que de subir ces conditions contraignantes et ont beaucoup de difficultés à obtenir des fonds, se faire financer, obtenir un prêt.

Pourtant c'est bien là que la croissance la plus importante peut se faire !

Par exemple, le petit producteur de café brésilien ne peut développer son agriculture à cause de son contrat contraignant avec l'entreprise d'export, qui a des conditions contraignantes envers l'entreprise de torréfaction, qui a des conditions contraignantes envers Starbucks. Pourtant, Starbucks n'a aucun souci pour obtenir un prêt d'un milliard de dollars à 3% alors que le producteur brésilien obtient à peine un prêt de 500 dollars à 20% d'intérêt.

Du coup Starbucks peut se développer rapidement en investissement un milliard d'un coup et peut avoir un retour sur investissement de 10%. Alors que le petit producteur ne peut obtenir suffisamment pour se développer, et même s'il pouvait, ça ne serait pas rentable à un taux si élevé. CQFD.

En définitive, Starbucks a tous les fonds, mais une faculté de croissance faible, en étant déjà « gros » alors que le petit agriculteur a un fort potentiel de croissance mais pas d'accès au capital (retenez bien cet exemple pour la suite). La centralisation est bien dans un environnement stable et qui ne change pas. Mais dans un monde qui va vite et pour s'adapter à une économie super changeante ce n'est pas l'idéal... Aujourd'hui, plus ça va, plus c'est compliqué d'être rentable.

Il y a quelque chose de très important à savoir :

Il y a 700 000 milliards d'actifs de biens immobiliers et mobilier, sur la planète, toute la richesse mondiale mais seulement 70 000 milliards de dollars sur la planète et environ 100 000 milliards d'actions et de titres.

Cela veut dire que les gens se battent pour 170 000 milliards d'argent (argent liquide, actions et titres) ... et il manque plus de 75% de la richesse dans notre équation !

La blockchain va donner la possibilité de combler le vide entre la somme d'argent disponible et la somme de biens de valeur, par la tokenisation. On va donc ouvrir les vannes, presque du jour au lendemain, de quatre fois plus de richesse qu'actuellement.

Ça va permettre à notre petit producteur de café d'avoir accès à un capital jusqu'ici inexistant, inaccessible, à un taux très intéressant. Je vais vous expliquer pourquoi !

Voici comment ça fonctionne :

Imaginons que vous voulez obtenir un prêt de valeur de votre maison. Vous allez faire un accord légal qui met votre maison sur la blockchain, avec une clause que le titre transférera à vos créanciers si vous ne remboursez pas votre dette. Vous pouvez donc créer vos propres tokens sur la blockchain en utilisant votre maison comme garantie. Il y a votre contrat qui dit : « Je ne peux pas vendre ma maison sans rembourser tous les tokens que j'ai retirés. »

Vous pouvez ensuite échanger ces jetons contre d'autres jetons ou de l'argent ou tout autre chose que vous jugez de meilleur usage. Vous, l'individu, ne payez pas d'intérêts parce qu'il n'y a pas de tiers de confiance comme une banque. Vous créez le prêt par vous-même, vous n'avez donc pas besoin de vous payer des intérêts comme vous paieriez une banque si vous souscriviez une hypothèque.

Ce mécanisme pourrait être appliqué à tous les prêts adossés à des actifs. Les 700 000 milliards de dollars d'actifs valorisés dans le monde pourraient être convertis en monnaie adossée à des actifs, créant beaucoup plus de liquidités et surtout là où il est le plus nécessaire, comme le producteur brésilien.

Imaginez que le producteur de café sache qu'il peut augmenter son rendement de 30% s'il peut acheter une nouvelle pièce d'équipement. À l'heure actuelle, il n'a pas accès au capital pour investir dans cet équipement... Cependant, s'il pouvait contracter un emprunt sur la blockchain contre sa ferme existante, il pourrait acheter cette nouvelle pièce d'équipement, augmenter son rendement et rembourser le prêt de ses profits accrus.

La transparence de la blockchain éliminerait également un grand nombre de risques pour les investisseurs. L'investisseur prête de l'argent pour la nouvelle pièce d'équipement agricole et peut déjà voir sur la blockchain des commandes d'achat de café supplémentaire venant de Starbucks (!) ou encore qu'un contrat de cinq ans ait été signé avec tel fournisseur, de sorte que l'investisseur va investir du risque proportionnellement inexistant.

La blockchain anéanti l'espace entre la carte et le territoire. La blockchain (carte) reflète si bien le monde réel (territoire), que les deux sont les mêmes.

Étant donné que l'industrie de la supply chain représente 50 000 milliards de dollars en PIB annuel à l'échelle mondiale, même des améliorations mineures ont d'importantes répercussions sur la création de richesse à l'échelle mondiale.

Deuxième chose. La possibilité d'obtenir des prêts adossés à des actifs réels, à taux d'intérêt faible ou nul aura une incidence importante sur la structure de l'économie mondiale ! Cela va permettre aux petites entreprises des pays développés de devenir plus compétitives grâce à cette confiance et de créer plus d'emplois. Plus important encore, dans les pays en développement, d'investir dans leurs propres entreprises et de se sortir de la pauvreté.

Sans oublier vous, investisseurs et entrepreneur, de faire partie de la plus grande évolution de l'humanité et d'en profiter !

Chapitre 7

L'avenir de l'humanité et de la planète par la ville de demain et la transition du marché immobilier

« L'innovation est un processus évolutif,

il n'est pas nécessaire

de toujours être radical. »

Marc Jacobs

Le modèle sociétal parfait de demain implique-t-il absolument des résistances citoyennes par l'intermédiation de la blockchain ? Nous allons aborder dans ce chapitre, pourquoi la blockchain pourrait être la solution à un monde meilleur. Allons même plus loin et voici un petit aparté important dans cet ouvrage sur le Tangle, une blockchain améliorée inspirée par la nature. 100% écologique.

Là où la blockchain fonctionne de façon linéaire (les blocs précédents doivent tous avoir été approuvés avant de continuer), le Tangle travaille avec un processus de consensus décentralisé tel un enchevêtrement neuronal. Plusieurs blocs peuvent alors être simultanément en phase d'approbation et le résultat fait que les transactions sont plus rapides.

Le Tangle, cette blockchain « sans bloc ni chaîne », est-elle la technologie qui résout tous nos problèmes et permet de redéfinir la place de l'homme dans la biodiversité ?

Je vais laisser la parole à Alexandre Baé, membre de ma formation, qui a soulevé ce point aux différents membres de celle-ci. J'ai ainsi décidé de l'inviter exposer sa vision que je partage. Je lui laisse la parole jusqu'à la fin de ce chapitre :

La cryptomonnaie pourrait-elle permettre à l'homme de trouver sa place

L'avenir de l'humanité regorge de nouvelles opportunités, et ce livre développe en grande partie ce que cela peut impliquer pour le marché des « intermédiaires ». Et même si ce changement s'opérera à une vitesse de croisière plus ou moins lente, ces marchés seront transformés. Ceux qui n'auront pas anticipé devront développer de nouvelles aptitudes, puisque leur place dans l'industrie sera remise en question par la démocratisation des algorithmes et l'automatisation de manière générale.

Ainsi, si ce changement sera bénéfique aux personnes qui amèneront et porteront ces innovations, les autres pourraient être prises de court dû à un robot remplaçant leurs tâches.

La révolution blockchain est quoi qu'on en dise, une opportunité. Et cela pourrait même être bien plus que cela.

Aujourd'hui, à moins d'habiter au milieu d'un lac depuis toujours, il est impossible d'échapper à ce que les scientifiques appellent « dérèglement climatique ». Les changements sont visibles et se font ressentir. Alors que certains parlent de la fin de l'humanité à cause d'un comportement abusif de notre part, la blockchain pourrait s'afficher comme un levier pour accélérer cette transition dont les politiques nous parlent, de conférence climatique en conférence climatique...

Je me souviens que François avait dans une de ses émissions, parlé de la possibilité pour des personnes ayant des panneaux photovoltaïques sur leur toit, de vendre l'électricité produit à leurs voisinages via une crypto-monnaie [NDLR : WePower]. Et c'est dans ce genre opportunités que nous pourrions voir émerger le modèle sociétal de demain.

Si l'on s'en réfère aux études, le développement de l'autonomie de chacun semble être une nécessité face au dérèglement climatique, afin de mesurer notre empreinte écologique. En devenant autonome de façon énergétique et/ou alimentaire, nous accédons à la maitrise de nos besoins primaires et en grande partie, à notre impact sur l'environnement. En poussant ces notions, j'ai rencontré un entrepreneur qui tentait de mettre au point un projet de ferme urbaine sur la blockchain. Ce qui donnerait une application tel le jeu Farmville, a l'exception que cela se produirait dans le monde réel, et que la personne achetant une parcelle (en gestion automatisé par un robot) toucherait des dividendes à la suite de sa production. Aucun besoin de mettre la main dans la terre et plus rentable qu'une application smartphone basée sur le même principe et vous faisant simplement perdre du temps.

Certains verront la mort de l'agriculteur, je pense y voir plutôt une reconsidération de leur travail et la suppression des tâches pénibles. Nous pourrions même, pour les plus avant-gardistes, voir un agriculteur devenir gestionnaire de parcelles locatives à destination de ce genre d'agriculture.

C'est là tout l'intérêt de cette technologie qui fait office d'intermédiaire. Rapprocher les gens et les lier dans cette volonté de changer le monde à leur échelle.

Ce qui est beau et pourrait permettre d'ouvrir les yeux aux non-initiés sur la révolution qui est en train de se mettre en place, est le fait que la blockchain est un facteur d'intégration sociale. Pour ne citer que Pierre Rabhi, ce penseur et papa de l'agro-écologie met en avant que chaque acte développant l'autonomie sera à l'avenir, un acte de résistance face à une société consumériste. Et comme son mouvement le prône, chacun « doit faire sa part ».

Voilà ce que permet vraiment la blockchain !

Des sociétés ayant compris ce levier sont d'ores et déjà à l'œuvre et permettent de mettre en avant porteurs de projets, initiatives citoyennes et acteurs afin de concrétiser leurs actions grâce au réseau blockchain. Et cela, en totale transparence sur ce qu'il se fait (imaginez pouvoir vraiment mesurer ce qu'une association fait de votre don, ce qu'elle finance vraiment, la pertinence de ses actions et prestataires... Cela pourrait ainsi réduire certains abus).

Internet naturel de la terre

Imaginons un monde où chaque homme serait vraiment relié et où chacun serait un neurone du cerveau collectif qu'est l'humanité... Prenons de l'altitude et quittons la blockchain pour explorer le Tangle, ce projet attitré à la cryptomonnaie Iota.

La principale différence entre cette technologie et la blockchain réside dans le fait qu'il n'y ait pas besoin de mineurs pour valider une transaction. Afin que votre action soit validée, vous devez en valider deux autres au préalable via un objet relié à l'IoT (l'Internet of Things : l'internet des objets connectés).

Il m'apparaît que si la cupidité s'envolait du monde des cryptos et que les gens investissaient sur des projets éthiques et de long terme, le Iota serait mis en avant, bien plus que le Bitcoin et autre coin. Car ce projet est à l'image de la nature, du cerveau, et de l'univers...

Tout ça à la fois ? Voilà un gars qui parle beaucoup vous dites-vous ! Faisons un voyage ensemble...

 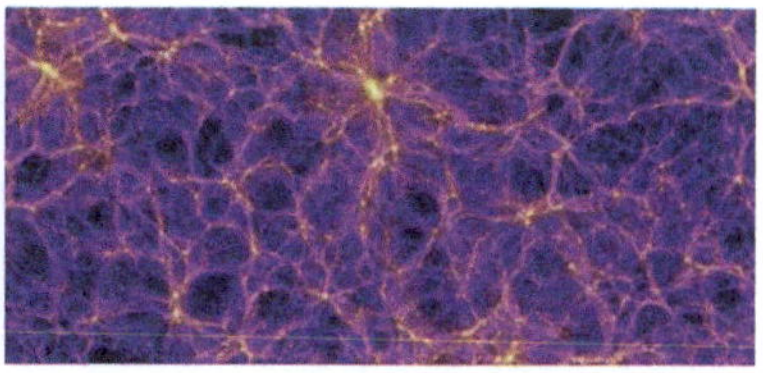

Voici ci-dessus (à gauche) un réseau de champignons. L'intelligence de la nature réside dans le fait que chaque arbre échange avec les autres sans que nous puissions pour autant les entendre. Penchez l'oreille vers ce murmure qui émane du sol la prochaine fois que vous vous promènerez en forêt et vous reconsidérerez les principes de la communication !

Ce réseau est appelé Mycélium. Il connecte l'arbre aux autres arbres, ce qui permet à un individu d'envoyer un message chimique à ses voisins lorsqu'il est attaqué par un prédateur ou encore d'échanger des nutriments. L'arbre a compris que seul, il ne serait jamais une forêt, alors qu'à plusieurs, ils se protègeraient des intempéries et auraient donc plus de chances de survie... Léonard de Vinci flattait déjà ce merveilleux professeur qu'est dame nature !

Le mycélium est donc une sorte de cortex qui lui a valu le nom de « internet naturel de la terre » par Paul Stamets (Mycologue).

Vous aurez sans doute remarqué à quel point ce réseau naturel fait étrangement penser à notre propre cortex cérébral. Aux neurones et à leur myéline...

Est-ce que l'homme et la vie animale en général seraient biologiquement inspirés de la nature ? L'analogie est flagrante ! Éloignons-nous pour vraiment constater une similitude intrigante...

La photo de droite montre comment semble s'organiser l'univers. Chaque espace étant apparemment constitué de matière noire, les amas de lumière sont en réalité des milliers de galaxies agglomérées.

Maintenant que nous voyons ce lien, revenons au Tangle ! Cette technologie peut nous relier de la même façon que les réseaux naturels vus précédemment peuvent le faire. Un réseau où pour que ma transaction soit validée, je doive en valider deux à mon tour. Un réseau où nous serions tous acteurs du même système et où chacun ferait sa part. Plus le nombre d'utilisateurs est important, plus la scalabilité l'est également, ce qui permet de supporter un nombre infini de personnes. Ce système semble parfait ! Comment cela se fait-il ? Car comme Idriss Aberkane pourrait le soutenir dans une de ses conférences, il suffit de copier la nature pour construire un système qui fonctionne. Car tout dans la nature, est interdépendant.

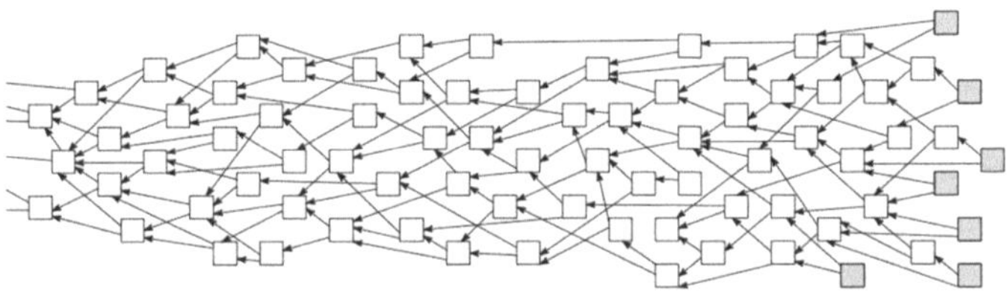

Représentation de transaction sur le système Tangle.

Qui a-t-il de mieux pour réaliser que chacun, à notre échelle avons le pouvoir, le devoir et la responsabilité du monde que nous créons et laisserons aux générations futures.

Ces révolutions, qu'il s'agisse de la blockchain ou plus particulièrement du Tangle, rapproche les gens, les responsabilise, et nous permet de construire quelque chose de bien plus grand que nous même. Il semble que le monde s'individualise... Du point de vue de ces technologies, l'homme n'a jamais été aussi lié à l'un et à l'autre.

Ces systèmes nous amènent ainsi à redéfinir la place de l'homme dans la biodiversité et à tendre vers une société où chacun serait autonome et interconnecté à la fois. Des microcosmes fonctionnels qui s'intègreraient parfaitement dans le macrocosme qu'est l'humanité... Et plus si affinité.

Comment mettre en place ce système ?

Pour répondre aux enjeux de demain, nous devons remettre la nature au centre de nos conceptions et tendre vers un nouveau paradigme qui pourrait se baser sur l'autonomie de chacun et le bien-être, afin de sortir de cette idée de croissance infinie. Une technologie comme le Tangle peut faciliter ce changement.

Nous avons vu dans ce livre l'impact de la blockchain sur le marché immobilier. Dans une optique de transition, il est tout à fait envisageable de concevoir une ville où chaque logement évaluerait l'impact environnemental de ses résidents. Une Intelligence Artificielle pourrait ainsi transmettre ces informations à la commune ou encore les services d'impôts fonciers. Cela afin de donner aux familles ayant un impact faible sur l'environnement, un token qui ferait office de réduction d'impôts pour son bon comportement sur la nature. Certains pourraient juger cette pratique allant à l'encontre de leur vie privée, cependant, l'époque où nous devrons tous ensemble décider d'une direction pour l'humanité se dessine aujourd'hui et peut nous amener à reconsidérer certains aspects de notre intimité.

Chapitre 8

Une approche analytique pour comprendre comment investir

« Invest in teams, not in projects ! »

Expression américaine

Les Initial Coin Offering

Voici une approche analytique pour comprendre comment investir dans le monde crypto / token / blockchain / levée de fond et obtenir des rendements extraordinaires.

Je partage ici le processus que j'utilise, ainsi que les analyses de toutes les données qui m'ont amené à drastiquement améliorer mes résultats dans la sélection de projets blockchain super rentables (la méthode fonctionne également pour une analyse business angel, pour une levée de fond...) .

Première chose primordiale, vous devez faire vos propres recherches, vous informer et surtout ne pas investir d'argent que vous ne pouvez pas vous permettre de perdre. Faite bien vos devoirs comme j'aime le dire. Les conseils à venir viennent de mon expertise et de mon expérience. Cela reste un placement risqué et il y a beaucoup d'arnaques.

L'année 2017 a été la grande année des ICO. Si vous connaissez ce terme, il y a de grandes chances que vous ayez entendu ce mot pour la toute première fois au cours de cette année-là.

Cependant, les règles ont un peu changé : il n'y avait absolument aucune régulation à cette époque ; de plus, on n'investit pas de la même manière selon l'état du marché (*bull run* de 2017 vs *bear market* de 2018). Par exemple, si le bitcoin est dans un moment assez critique (comme fin 2018, début 2019), le capital est donc sur des positions à moindre risque et les altcoins et ICO sont abandonnés. Pour que les ICO commencent à ressurgir, le marché a besoin d'une vision plus optimiste sur le bitcoin pour que le capital commence à arroser de nouveau les positions à risque.

Les régulations actuelles sur les ICO sont une très bonne chose. Seulement les projets viables et sérieux seront mis en avant. Le jeu consistera à savoir quelle ICO explosera et non si c'est une arnaque.

Alors comment analyser des données et statistiques pour investir dans un projet ?

Au début quand j'investissais dans les ICO, je suivais ce qu'on appelle communément la *hype*. Tout un programme ! Quand tel gros investisseur investissait ou tels *hedge funds* (fonds d'investissement non cotés à vocation spéculative), j'investissais ; quand cette ICO avait 50 000 followers, j'investissais. J'investissais dans la *hype* et dans les tendances.

La *hype* est très importante dans n'importe quelle entreprise. Mais ce n'est évidemment pas le seul paramètre à prendre en compte !

Au fil des mois, j'ai établi une approche analytique pour repérer des similitudes, des paramètres à prendre en compte pour repérer un très bon projet ICO, à la fois technologiquement parlant mais également d'un point de vue investisseur. Merci le diplôme d'ingénieur.

Alors comment bien investir avec plusieurs centaines de levées de fond tous les mois, comment lire tous les *whitepapers* de chaque projet alors que la plupart d'entre vous ont un emploi, une vie de famille, des enfants... Comment trouver le prochain Ethereum, Stratis, NEO...?

Comment trouver la pépite ? Et comment se placer avant que ça buzze.

Comment rivaliser avec les baleines (très gros portefeuilles qui peuvent manipuler les cours) ?

Bref comment en avoir pour son argent ?

J'ai collecté les données les plus performantes de l'histoire pour créer une sorte de feuille de route personnelle pour pouvoir me placer sur de nouvelles ICO. Tout en optimisant mes statistiques pour ajuster mon système.

- Facteurs humains : les membres de l'équipe, ainsi que les conseillers (« *advisors* »),
- Le produit : le lancement, la concurrence, le prototype,
- La vision : idée/objectif du projet (évolutivité sociale ?), type de token, roadmap,
- Les métriques : prix, hard cap, total token supply, %supply (vs token sold), unsold tokens (burned, locked, unlocked...). Etc.,
- La *hype* : la communauté sur les différents réseaux sociaux, recherches et index Google. Etc.

Il y a deux types de paramètres : les paramètres quantitatifs (les métriques et la *hype*) où on peut véritablement comparer les données et les paramètres qualitatifs où il faut donner un jugement subjectif pour donner une « note » (ça demande plus d'expertise que pour les paramètres quantitatifs).

Ce genre de données est (normalement) accessible facilement sur le web, directement sur le site du projet et notamment dans le whitepaper. C'est le rôle d'un whitepaper d'ailleurs. Vous pouvez également les retrouver sur des sites spécialisés dans la centralisation des données ICO.

Attention ! Ne prenez pas forcement en compte les notations de ces sites. La corruption est assez présente et les « advisors », les conseillers de ces sites, sont rarement au-dessus de tout soupçon. Les projets aux gros budgets peuvent se permettent de s'acheter quelques bonnes notes sur ces sites. Je vous mets en garde, faite vos propres analyses. Ces sites ont le mérite de faire le travail de collecte de données et de nous faire gagner du temps sur cet aspect-là.

Je vous donne beaucoup de paramètres à aller chercher, comparer et analyser mais ça ne vous en dit pas plus ce qu'il faut faire et examiner.

Voici l'indispensable, le strict minimum viable pour aller viser les meilleurs projets.

- Le prototype : 95% des ICO qui ont bien performé et perduré avaient un prototype au moment de la levée de fond. Et pas seulement une idée dans un whitepaper. L'opération ICO est censée être la dernière étape, la sortie. Et non la commercialisation d'une idée,

- Les membres de l'équipe : c'est un paramètre assez subjectif mais extrêmement important.

Comme disent les américains : *Invest in teams, not in projects*

Investissez dans l'équipe et non les projets !

Un projet juste bon, porté par une équipe fabuleuse ira très loin. Tout est dans l'exécution et non l'idée. Alors qu'un projet génial porté par une équipé médiocre n'ira pas bien loin.

Premièrement est-ce que l'équipe est éclectique (pas que des développeurs et à l'inverse pas que des marketeurs) ?

Est-ce que les membres sont reconnus dans leurs domaines respectifs ?

Pour quelles entreprises auparavant ont-ils travaillé (par exemple, l'équipe de BeeToken est constitué d'anciens ingénieurs de chez Google, Facebook, Uber)?

Est-ce qu'il y a une « tête d'affiche » dans l'équipe, un porteur de projet (par exemple Brave/BAT a été fondé par non seulement le créateur du langage JavaScript mais également fondateur de la fondation Mozilla et du navigateur Firefox. Forcément avec une telle tête d'affiche la levée de fond a récolté 35 millions en trente secondes...)

- Hard cap assez bas, idéalement en dessous de 30-40 millions de dollars,

- Les métriques et aussi la disponibilité de ces informations. Si certains des paramètres énoncés dans la partie métrique ne sont pas disponibles... est ce que le projet veut les cacher ? Y-a-t-il une bonne raison ? Dans tous les cas, dans cette éventualité, il faut être un peu plus méfiant...

Dans la même idée, la *hype* est très importante : vous pouvez avoir l'idée du siècle, si personne n'utilise votre service ou produit, ça ne sert à rien. A l'inverse, un produit imparfait (coucou le bitcoin) que tout le monde utilise sera toujours le grand gagnant (coucou le bitcoin) !

La réunion du Conseil des affaires économiques et financières de l'Union Européenne s'est déroulée à Vienne le 7 septembre 2018. Valdis Dombrovskis, le vice-président de la Commission, a affirmé :

« Nous voyons que les actifs en crypto-monnaies sont là pour rester. Malgré les turbulences récentes, ce marché continue de croître. En particulier, les ICO, nous voyons qu'elles ont le potentiel d'émerger comme une forme viable de financement alternatif.

Déjà l'année dernière, les ICO ont aidé à réunir quelques milliards de dollars de financement et cette année, ce chiffre sera considérablement plus élevé. »

L'HISTOIRE EST AVEC NOUS !

Le futur est déjà présent ! Vous avez maintenant votre feuille de route personnelle pour investir en tant que particulier sur un projet cryptoactif, une ICO, une startup blockchain ou un token bien précis…

Mas sachez qu'il y a actuellement des milliards de dollars d'investissement en capital risque dans des start-ups liées à la blockchain.

Ce nombre augmente rapidement, ce qui montre clairement que le secteur privé croit en la blockchain. Cela inclut les start-ups blockchain dans le milieu de l'immobilier, telles que Ubitquity (États-Unis), ChromaWay (Suède), Bitland (Ghana) et Bitfury (Géorgie). Eté 2016, Ubitquity a réalisé le tout premier titre de transfert d'immobilier basé sur la blockchain.

Les possibilités sont trop excitantes pour être ignorées et des mesures peuvent être prises maintenant pour se préparer à la transition inévitable vers des systèmes basés sur la blockchain.

Les Security Token Offering

Là je vais vous parler d'une opportunité technologique et d'investissement pour les mois et années à venir sur l'aspect politique, juridique et innovation.

« La clé du succès dans les affaires est de deviner vers où va le monde et y arriver avant les autres.» comme dirait Bill Gates.

Il s'agit des STO. Alors les STO c'est quoi ?

Les STO découlent des ICO, mais sont beaucoup plus réglementées. Les STO n'ont pas besoin d'utilitaire. Les STO représentent littéralement une part de la société, elles sont apparentées à l'introduction en bourse traditionnelle.

Pour bien comprendre les STO, revenons aux bases du concept de token avec notamment la différence entre un *utility token* et un *security token*.

Un **utility token** permet aux utilisateurs d'accéder à un produit ou à un service de la blockchain.
Les utility tokens ne sont pas conçus comme des investissements, bien que de nombreuses personnes les achètent dans l'espoir de plus-value.

Ce terme porte bien son nom : C'est un jeton utilitaire ! Quand vous achetez une télévision, c'est pour l'utiliser pas pour faire de l'achat-revente de télévision ! Comment vous achetez un canapé, c'est pour vous assoir dessus et regarder votre télévision, pas pour en faire un outil de spéculation. Les utility token c'est pareil !

Quasiment toutes les cryptomonnaies que vous connaissez, voire toutes, sont des utility token ! Le bitcoin est un utility token. Ethereum est un utility token.

Un **security token** est adossé à un actif réel ou à un investissement et peut procurer divers avantages au détenteur.

Ça représente quelque chose dans la vraie vie. Ça peut être un petit bout d'un bien immobilier, un millième d'une œuvre d'art ou encore une propriété intellectuelle.
Par exemple, les actions, les obligations sont des *securities*.

Quand vous avez compris ça, vous avez compris beaucoup de chose !

On rejoint ici un des plus grands débats de la sphère crypto, en effet communément la plupart des cryptomonnaies ne sont pas faites pour spéculer mais pour être utilisées. Vous comprenez aussi que, lors d'un investissement dans un projet lié aux cryptomonnaies, il est important de se demander pourquoi ce projet a besoin de son propre token, et si oui, si elle a besoin d'un utility token, d'un security token.

Parlons maintenant du *next big thing !*

Ce qui est intéressant en ce moment c'est le mouvement des ICO vers les STO.

Une des raisons c'est les régularisations. De toutes les ICO avant 2018, pas l'une d'elles n'a été enregistrée par l'AMF (Autorité des marchés financiers) ou la SEC (Securities and Exchange Commission).

A l'inverse, le protocole de STO inclut des exigences réglementaires dans les tokens eux-mêmes, permettant la création simple et légale des titres numérisés.

Les STO sont un compromis innovant pour amener la communauté cryptomonnaie à respecter les régularisations de sécurités gouvernementales.

Nous rentrons ainsi dans une nouvelle phase dans l'industrie blockchain et cryptomonnaie. J'en suis ravi et très excité par le futur! Le futur ce sont les *use case* qui vont ressortir de la blockchain. On est un stade où on est en train de refaçonner Wall Street et ça va passer par les STO !

Les gens commencent à réaliser de l'opportunité. Il y a incontestablement des énormes challenges avec la technologie blockchain et les régularisations qui vont avec.

A commencer par créer des plateformes qui permettent une liquidité total de ces actifs, spécialisées dans les security token comme il y en a des dizaines pour les utility token ET une licence AMF ou SEC.

Les STO vont attirer l'argent institutionnels, les fonds privés... pour faire court des trilliard de dollars ! Les ICO non plus de flou juridique, Wall Street peuvent investir sur les STO, ce qui s'est passé sur Ethereum, on pourrait avoir la même avec les STO et les plateformes des STO!

Je ne pourrais trouver mieux que les propos d'Alex Tapscott, auteur business et conseiller financier :

« In dollars raised, the next five years will make the first wave of ICOs look like kid's stuff [...] These offspring of ICOs, Security Token Offerings (STOs), will become ubiquitous in venture capital and financial services more generally. »

En France, l'article 26 prévoit un régime de visa optionnel pour les Initial Coin Offerings (cf. page 118). Pour tous les services, il est prévu un guichet unique assuré par l'AMF.

Un régime de droit au compte est instauré pour les ICO ayant obtenu le visa et les prestataires ayant obtenu l'agrément (cf. fin d'article 26, page 121).

Enfin, l'article 26 bis prévoit (cf. page 130) que les fonds professionnels spécialisés (FPS) pourront désormais investir dans des crypto-actifs (crypto-monnaies et jetons d'ICO), pourvu que ces derniers respectent les conditions prévues aux 2° à 4° de l'article L. 214-154 du code monétaire et financier, notamment en matière de liquidité et de valorisation.

Nous sommes au bord de la prolifération des STO puisque les avantages sont tout simplement trop convaincants pour être ignorés !

En supprimant les intermédiaires tels que les banquiers et les agents de transfert du processus compliqué de transactions sur investissements, l'efficacité est améliorée, ce qui conduit à:

- Frais et coût du capital réduits
- Exécution plus rapide des transactions et règlement rapide
- Un plus grand nombre d'investisseurs mondiaux (y compris potentiellement investisseurs accrédités)
- Fonctions de service et de conformité automatisées
- 24/7 marchés
- Propriété fractionnée
- Probabilité globale inférieure de manipulation (transparence en temps réel)

Concernant les inconvénients potentiels, j'en vois deux :

- Le transfert de la responsabilité des intermédiaires à l'acheteur ou au vendeur
- Complexité accrue pour l'émetteur entraînant une dépendance accrue vis-à-vis des conseillers juridiques

La question à un trilliard de dollars est de savoir qui dirigera la transition de manière juste, équilibrée et à long terme, dans le but d'établir les meilleures pratiques pour l'industrie.

Un système doté d'une infrastructure récente et dépourvue de liquidités importantes présente peu d'avantages en tant que premier opérateur. Mais il y a bien un nombre croissant de jeunes entreprises FinTech s'efforcent de fournir des solutions complètes capables de gérer l'ensemble du processus, de la planification à l'exécution.

Une fois leurs capacités techniques confirmées, je pense que la principale qualité sera la structure des frais et les capacités de communication avec les investisseurs !

Conclusion

L'individu souverain

« Les cryptomonnaies ne sont pas sans régulation. Elles sont régulées par les algorithmes au lieu d'être régulé par un gouvernement bureaucrate. Incorruptible. »

Andreas Antonopoulos

Nous entrons dans l'ère de « l'individu souverain », dans lequel les individus rempliront de plus en plus des rôles que les entreprises et les gouvernements avaient auparavant, créant une demande d'argent « plus dur » qui ressemble plus à de l'argent, à du réel échange qu'à du crédit.

Un livre de 1997 avait prédit l'arrivé des cryptomonnaies avec une exactitude extraordinaire. Ce livre, *The Sovereign Individual* de James Dale Davidson et William Rees-Mogg, sorti dix ans avant la création du bitcoin est assez fascinant. Ces deux auteurs sont des spécialistes du livre d'anticipation, ils évoluent dans la sphère financière. *The Sovereign Individual* est une vraie ode au libéralisme, avec une société libérée de ces chaines grâce à une blockchain.

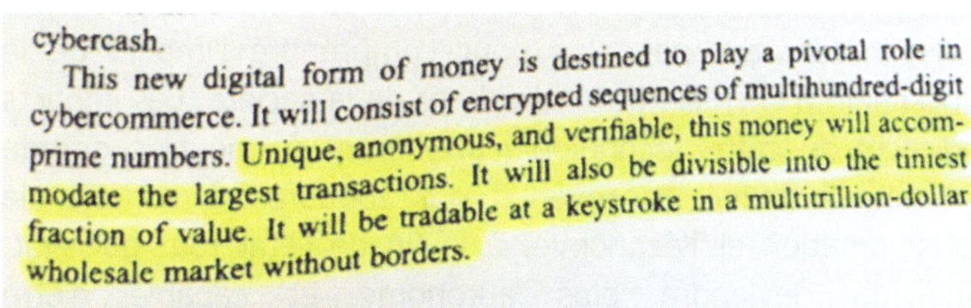
cybercash.
This new digital form of money is destined to play a pivotal role in cybercommerce. It will consist of encrypted sequences of multihundred-digit prime numbers. Unique, anonymous, and verifiable, this money will accommodate the largest transactions. It will also be divisible into the tiniest fraction of value. It will be tradable at a keystroke in a multitrillion-dollar wholesale market without borders.

extrait de The Sovereign Individual

« Une nouvelle monnaie sera créée autour de séquences cryptées de plusieurs de caractères et de nombres. Ça sera unique, anonyme et traçable. Cette monnaie apportera énormément à l'évolution de l'économie. On pourra diviser en fractions très petites ces monnaies cryptos et ça sera un marché de plusieurs millions de milliards sans aucune frontière »

L'exactitude extrême de ces propos est assez hallucinante, avec le recul qu'on a aujourd'hui (je vous rappelle que ce livre a été écrit en 1997)! (Ou alors Satoshi Nakamoto s'est inspiré de ce livre pour créer le Bitcoin en 2008?...) Ce qui est intéressant est donc de regarder ce que le livre dit pour la suite et ce que les auteurs proposent.

Les théories sont bien développées par les recherches et la thèse des auteurs même si elle est discutable, est assez probable.

L'ouvrage voit donc une tokenisation de la société totale avec la disparition des états nations avec un peuple 100% souverain. D'après eux, et je suis plutôt d'accord, le pouvoir ne peut que s'éroder. La blockchain et la tokenisation sont des outils vers ce but final.

C'était la version très courte et simple du résumé de ce livre. Mais il n'en faut pas plus pour comprendre l'impact de la blockchain à l'échelle de l'individu et de la société. Les impacts indirects de cette technologie aboutiront à une très grande difficulté à taxer les revenus qui aboutirait à surtaxer la consommation et l'économie, à la fin de l'état tout puissant, l'individu deviendra plus autonome et capable d'être financièrement indépendant.

Leur théorie des cinq siècles dit qu'une forme d'organisation domine pendant ce laps de temps : l'empire Romain, les seigneurs, l'église, l'état et maintenant : l'individu.

Je crois fermement qu'en intégrant les êtres humains dans l'économie réelle mondiale et en leur permettant d'entreprendre et d'investir leur argent comme bon leur semble, tout le monde sera gagnant : les particuliers, les investisseurs, les sociétés et industries sous-financées.

Bienvenue dans un nouveau monde de liquidité libéré, en toute transparence et désintermédiation.

La quatrième révolution industrielle

« L'heure de tuer les intermédiaires » se concentre uniquement sur l'identification des opportunités par la mise en œuvre de la technologie de la blockchain. Cet ouvrage a probablement soulevé encore plus de questions qu'il n'a apporté de réponses.

Les perspectives développées plus haut, sans être exhaustives, ont des dimensions communes. Par exemple : la disparition d'intermédiaires, une meilleure fiabilité des opérations, des gains de temps et la baisse des coûts. À terme, le secteur immobilier va devoir composer avec la blockchain. Il faut envisager de nouvelles voies pour continuer à générer de la valeur ajoutée, particulièrement au niveau des services proposés.

Ce serait une erreur de considérer précoce une réflexion sur la question. Les nombreuses initiatives de start-ups à travers le monde ont pour conséquence d'amener les développeurs à repousser régulièrement les limites de la technologie.

Sur l'ensemble des projets actuels, pour un succès majeur il y aura sûrement une poignée de succès mineurs et des centaines d'échecs. Il n'en demeure pas moins que le modèle des tokens est particulièrement subtil et ingénieux.

Oui. La blockchain en est encore à ses débuts et doit donc surmonter certaines des limitations et des défis du système actuel, à la fois interne et externe, y compris les défis techniques, la perception du public, la standardisation, la réglementation gouvernementale et l'adoption grand public de la technologie.

Concernant le marché immobilier, ceci conduit aux opportunités suivantes :

1. Créer un « passeport », la valeur digitalisée d'un bien immobilier, représenté par un jeton sur la blockchain,

2. Développer de nouveaux outils de financement alternatifs aussi bien internes (autofinancement), qu'externes (crowdfunding 3.0),

3. Aboutir à des transactions de biens immobiliers (que ce soit la signature du bien, l'ensemble des contrats de location, les changements apportés) via la blockchain,

4. Mesurer la performance et la vie du bien immobilier via la blockchain.

L'étape suivante consiste à explorer les différentes possibilités et d'identifier ce qui doit être fait pour intégrer pleinement ces opportunités. Je crois fermement que blockchain va changer les processus actuels et aboutir à de nouveaux business models. Néanmoins, la blockchain en soi n'est pas un objectif, c'est un moyen.

Une nouvelle organisation de la société est en marche où les personnes les plus compétentes auront tous les outils à leur disposition pour créer et entreprendre plus « librement » et ainsi attirer une grande partie de la richesse. Alors chers investisseurs et entrepreneur, allez-vous prospérer avec la plus grande évolution de l'humanité ?

Disrupt. Don't be disrupted.

Épilogue : Mon message pour vous

Innover mais pourquoi ? Investir, entreprendre mais pourquoi ?

Pour certains, pour beaucoup même, vous avez cru à des mensonges pendant des années...

Les gens pensent qu'il faut des années pour changer, c'est l'un des plus grands mensonges !! « Vous n'êtes pas capable... », « La vie c'est dure... » Non, vous pouvez changer radicalement votre situation ! Le temps n'est pas linéaire. Il est exponentiel ! C'est quand je le décide que ma vie peut changer.

Il est possible que vous ne croyiez pas à ce qu'on nous dit à l'école : il faut avoir des bonnes notes partout, il faut avoir des diplômes, avoir un bon travail, et puis avoir une maison, un crédit, une voiture, des enfants, un chien, un chat, et puis au bout de 40 ans il y a la retraire... s'il y en a une !

Évidemment ce n'est pas ça. Aujourd'hui tout ce que je ne veux pas faire je ne le fais pas. Donc chaque chose que vous faites, vous devez lui donner de la valeur.

Le plus gros problème que je vois dans le monde aujourd'hui est l'éducation. Les systèmes scolaires et les universités sont obsolètes, coûteux, lents et non personnalisés. Leur seule intention est de « qualifier » les gens pour obtenir un emploi.

On dit souvent que l'information vaut de l'or. *Knowledge is Power*. C'est vrai. Mais l'information pour l'information, ne sert à rien. La clé c'est le passage à l'action! L'information implémentée par l'action. C'est ça le secret ! Beaucoup de personnes de personnes le savent mais peu de personne l'implémentent.

Lancez un nouveau projet, démarrez une formation, apprenez de vos erreurs, faites un pas en dehors de votre zone de confort... soyez un étudiant de la vie !

Chacune de vos actions vous amène vers votre but.

Mais est-ce que s'enrichir est une destination valable ?

Ce n'est pas qu'une question d'argent. Pour moi, c'est mettre mes projets et mes investissements au cœur de ma stratégie et vivre une vie où je suis riche sur plusieurs aspects...

A 20 ans, je n'étais pas à ma place c'était la guerre dans ma tête, mes tripes me disaient « *tu n'es pas à ta place, il faut que tu bouges, il y a plus grand pour toi, il faut que tu voies plus haut ! Je peux devenir qui je veux !* » La différence entre un employé et un entrepreneur c'est son état d'esprit car rien ne changera si vous ne changez pas votre mode de pensée. Si vous n'êtes pas connecté à qui vous êtes, dans votre vie, vous allez surfer, vous aurez du stress, vous aurez des incertitudes.

Toute personne qui cartonne sait qui elle est, qu'est ce qui a dans vos tripes, qu'est-ce que vous voulez faire ? quelles sont vos valeurs ? quand vous êtes connecté à ça, tout est possible !

Alors oui, je vais me répéter mais ne soyez pas un investisseur/entrepreneur financier mais un investisseur/entrepreneur ingénieur ! Le monde a besoin de bâtisseurs pour franchir des paliers, des gens dotés d'une vision à plusieurs décennies.

Saisissez les opportunités de la société de demain et devenez des bâtisseurs. Vous ne devez pas rater la révolution blockchain !

Amicalement, François.